小学校理科

授業力アップ
のための
必須スキルを
60本収録!

指導スキル
大全

鳴川哲也
編著

明治図書

はじめに

　今回の学習指導要領の改訂では，子どもたちが未来社会を切り拓くための資質・能力を一層確実に育成することを目指しています。

　子どもたちが未来社会を切り拓くとはどういうことでしょうか。
　私は，子どもたち一人一人が自身自身の未来を拓くことによって，その結果として，未来社会が切り拓かれていくのではないかと考えます。
　これは，目の前の子どもたちに教育活動を通して，資質・能力を育成しようとしている教師の皆さんも同じだと思うのです。教師自身が「授業が上手になりたい」という思いや願いをもち，授業力を向上させていくことは，自分自身の未来を拓いていくということです。
　その結果，子どもたちに資質・能力が育成され，その子どもたちが未来を拓いていったり，授業づくりのポイントが明確になって，それが周囲の先生方にも広まって，多くの先生方の授業力が向上したりすることで，未来が拓かれていくのです。

　私も，福島県内の小学校で教員をしていた経験があります。教員になったことを小学生時代の恩師に報告したところ，

　「教師の仕事は，質も量も自分で決めるんだ」

と激励の言葉をいただきました。
　教師の仕事の中核となる「授業」の仕方に，唯一の正解などありません。ですから，教師は，自分の授業のやり方に不安を抱き，時には自信をなくすのです。しかし，不安な気持ちを抱きながらも，よりよい授業を目指して，地道に努力し続けることが大切です。

「よりよい授業とはどのような授業なのか？」

という答えのない問いを問い続けることが大切なのです。それが教師の仕事です。

　本書は，そのような日々の授業をよりよいものにしようとする教師に，指導スキルという形で具体的な方法を示しています。
　自分自身の未来を拓くための参考にしていただけたら幸いです。

2019年3月

　　　　　　　　　　　　　　　　　　　　　　　　　　　鳴川　哲也

Contents

はじめに　2

Chapter 1　理科授業にかかせない指導スキルのポイント

❶理科にかかせない指導スキルを考える前に，大切なこと　10
❷小学校理科の目標　11
❸「問題解決の過程」と指導スキル　20
❹理科にかかせない指導スキルとは　24
❺12の視点からの指導スキルのポイント　28

Chapter 2　理科授業の指導スキル60

教材研究・予備実験
❶考えの更新を促す導入をするスキル　38
❷子どもに観察，実験の危険性を把握させるスキル　40

事象との出合わせ方
❸子どもが「理科の見方・考え方」を働かせることを促すスキル　42
❹主体的な関わりを促すスキル　44
❺問題を見いだし，問題解決を促すスキル　46
❻「だったらこれは」という思考を促すスキル　48

話し合いの充実
❼根拠のある予想や仮説を発想できるようにするスキル　50
❽多様な考えを尊重しながら学ぶ場をつくるスキル　52
❾解決の方法を発想できるようにするスキル　54
❿より妥当な考えをつくれるようにするスキル　56

グループ活動の充実

- ⓫主体的な観察，実験器具の準備を促すスキル ---------- 58
- ⓬一人一人の意欲を引き出すスキル ---------- 60
- ⓭より妥当な考えをつくれるようにするスキル ---------- 62

発問，言葉かけ

- ⓮問題発見を促すスキル ---------- 64
- ⓯比較を促すスキル ---------- 66
- ⓰根拠のある予想を促すスキル ---------- 68
- ⓱関係付けを促すスキル ---------- 70
- ⓲より妥当な解決の方法を発想できるようにするスキル ---------- 72
- ⓳条件制御に目を向けることを促すスキル ---------- 74
- ⓴安全な観察，実験をよびかけるスキル ---------- 76
- ㉑複数の事実を見つけるための取組を促すスキル ---------- 78
- ㉒より妥当な考えをつくれるようにするスキル ---------- 80
- ㉓多面的に考えることを促すスキル ---------- 82
- ㉔結論を導出できるようにするスキル ---------- 84
- ㉕結論を基に，新たな問題を見いだすことを促すスキル ---------- 86
- ㉖学びを振り返り，成長を自覚する機会をつくるスキル ---------- 88
- ㉗結論を既習の内容や生活経験との関連を促すスキル ---------- 90

板書，ノート指導

- ㉘構造的な板書を書くスキル ---------- 92
- ㉙自分の考えをノートや黒板に表現する場をつくるスキル ---------- 94
- ㉚結果をまとめて，わかりやすく表現する場をつくるスキル ---------- 96
- ㉛事実と解釈を明確に分けて板書するスキル ---------- 98
- ㉜振り返りの質を高めるスキル ---------- 100

観察，実験についての指導
㉝適切な器具の選択を促すスキル 102
㉞自然事象とモデルを往還する考察を促すスキル 104
㉟実験結果について批判的な考察を促すスキル 106
㊱視点をもった観察を促すスキル 108
㊲諸感覚を働かせた観察を促すスキル 110
㊳事実の的確な記録を促すスキル 112

見取り（評価）
㊴観察，実験前に見取るスキル 114
㊵観察，実験中に見取るスキル 116
㊶観察，実験後に見取るスキル 118
㊷授業以外で見取るスキル 120

ICT 機器の活用
㊸導入で，子どもの興味・関心を高めるスキル 122
㊹子ども一人の考えを学級全体に広げるスキル 124
㊺動画を活用するスキル 126
㊻考察しやすいように結果を整理するスキル 128

安全指導
㊼下見して，危険個所を把握するスキル 130
㊽理科室で観察，実験をする際の注意を促すスキル 132
㊾野外で観察，実験をする際の注意を促すスキル 134
㊿後片付けを適切にできるようにするスキル 136

理科室経営
(51)興味・関心を高める掲示，展示をするスキル 138

❺❷学びの足跡がわかるような掲示をするスキル ---------------------------- 140
❺❸安全に配慮した観察，実験の準備をするスキル ------------------------ 142
❺❹どこに何があるかわかる観察，実験の準備をするスキル -------------- 144
❺❺ほしい小物をそろえた観察，実験の準備をするスキル ---------------- 146

基礎力

❺❻研修会に参加して力量を高めるスキル -------------------------------- 148
❺❼教師自身が自然に親しむスキル -------------------------------------- 150
❺❽授業を見てもらい力量を高めるスキル -------------------------------- 152
❺❾本を読んで力量を高めるスキル -------------------------------------- 154
❻⓿子ども理解を深めるスキル -- 156

Chapter 1

理科授業に
かかせない
指導スキルの
ポイント

① 理科にかかせない指導スキルを考える前に，大切なこと

　皆さんは何を拠りどころに，日々の授業をしていますか？
　「教科書」と考える先生も多いと思います。では，その教科書は何を拠りどころにして作成されていると思いますか？
　このようにたどっていくと，「学習指導要領」にたどり着きます。全国のどの地域で教育を受けても，一定の水準の教育を受けることができるようにするために，文部科学省が，学校教育法等に基づいて，各学校で教育課程を編成する際の基準を大綱的に定めているのです。これが「学習指導要領」です。「学習指導要領」は，その時代に求められる教育を実現していくために，およそ10年ごとに改訂されています。
　小学校では，平成32年度から，新学習指導要領が全面実施されます。
　この新学習指導要領では，「生きる力」をより具体化し，育成を目指す資質・能力が三つの柱で整理されました。それに伴い，各教科の目標や内容も，以下の三つの柱で再整理されたのです。

「知識及び技能」
「思考力，判断力，表現力等」
「学びに向かう力，人間性等」

　この三つの柱で整理させた資質・能力は，教育活動全体を通して育成を目指すことになります。
　ですから，理科の授業はもちろん，国語の授業であっても，体育の授業であっても，それぞれの活動を通して，この三つの資質・能力が育成されているのか？と常に考えることが大切なのです。

(鳴川　哲也)

❷ 小学校理科の目標

①小学校理科の目標

今回の改訂で,小学校理科の目標は,次のようになりました。

> 自然に親しみ,理科の見方・考え方を働かせ,見通しをもって観察,実験を行うことなどを通して,自然の事物・現象についての問題を科学的に解決するために必要な資質・能力を次のとおり育成することを目指す。
> (1) 自然の事物・現象についての理解を図り,観察,実験などに関する基本的な技能を身に付けるようにする。
> (2) 観察,実験などを行い,問題解決の力を養う。
> (3) 自然を愛する心情や主体的に問題解決しようとする態度を養う。

初めに,どのような学習の過程を通して資質・能力を育成するのかを示し,次に(1)には育成を目指す資質・能力のうち「知識及び技能」が,(2)には「思考力,判断力,表現力等」が,(3)には「学びに向かう力,人間性等」が示されています。

本書は,「指導スキル」の向上に視点をあてていますが,先生方は何のために「指導スキル」を向上させるのですか? それは,子どもたちに上記の理科の目標に示されている資質・能力を育成するためということになります。

②問題解決の過程

上記の小学校理科の目標について,もう少し詳しく見ていきましょう。
「自然に親しみ,…育成することを目指す」という部分があります。この

一文を「柱書」または「柱書部分」と呼びますが，この「柱書」にも，重要なことが書かれています。

「見通しをもって観察，実験を行うことなどを通して」という部分に着目してください。

今回の改訂では，どのような学習の過程を通して資質・能力を育成するのかを，教科等ごとに明確にしています。小学校理科では，「見通しをもって観察，実験を行うことなどを通して」という学習の過程を通して，資質・能力を育成していくということを示しているのです。

この部分に「など」という表現があります。この「など」には自然の事物・現象から問題を見いだす活動，観察，実験の結果を基に考察する活動，結論を導きだす活動が含まれています。

つまり，小学校理科は，子どもが自然の事物・現象に親しむ中で興味・関心をもち，そこから問題を見いだし，予想や仮説を基に観察，実験などを行い，結果を整理し，その結果を基に結論を導きだすという過程を通して，資質・能力を育成していく教科ということです。この過程を「問題解決の過程」と呼びます。

小学校理科は，「子どもの問題解決」を大切にしている教科なのです。

あるところで，以下のような文章を見つけました。

あるこどもがかえるを飼って，その成長の変化を観察して，記録を作った。父親がその記録を見ると，かえるの変態が動物学の本に書いてあるものに比べて，1か月も長い日数がかかっていることに気がついた。それで，こどもの観察した事実がまちがっていると考えて，こどもの記録の日付を訂正して，動物学の本にあるように書きなおした。（中略）このような取扱を受けたこのこどもは，まちがいのない事実，言い換えれば自然現象における真実というものを，どういうふうに考えるであろうか。

子どもが一生懸命，かえるの成長の様子を観察したのにもかかわらず，父

親が,「観察した結果が間違っているぞ。本に書いてあるように書き直せ」と言ったというのです。

　この文章を読んだ皆さんは,どのような感想をもちますか？「お父さん,それはないよ。子どもが一生懸命観察したのに…。目の前のかえるがそのように成長したのであれば,それが事実でしょう」このように思いますよね。

　しかし,理科の授業では,この父親と同じようなことが起こっている場合があるのです。子どもが一生懸命,観察,実験を行い,結果を得たとします。しかし,教師は時々,こう言うのです。「本当は,こうなるんだよ」と。観察,実験を行うたびに,教師がこのような言葉を言うと,子どもたちは,どのように思うでしょうか。

　「先生,私たちは何のために,観察,実験をしているのですか？」「観察,実験を楽しめば,それでいいのですか？」このように思ってしまうような理科の授業であってはいけないのです。

　先のかえるの文章は,どこに掲載されていると思いますか。実は,「昭和27年　小学校学習指導要領理科編（試案）改訂版」に示されているのです。

　小学校理科という教科は,ずっと「子どもの問題解決」を大切にしている教科なのです。子どもは,解決したい問題に対して,自分たちなりの予想や仮説をもち,その確からしさを証明するために,観察,実験などを行い,その結果を基に考察し,結論を導きだします。このように,子ども一人一人が主人公の問題解決を大切にしてきたのです。

　そして,今回の改訂においても,問題解決の過程を大切にして,子どもが身近な自然の事物・現象に働きかけ,見いだした問題を,主体的に,そして科学的に解決していくことを大切にしているのです。

③科学的

　上の文章で「科学的に解決していく」と書きました。もう一度「柱書」に戻ってみてください。「問題を科学的に解決するために必要な資質・能力」という部分がありますね。そこに着目してください。

先ほどから，「問題解決」という言葉をクローズアップしていますが，「問題解決」は小学校理科の学習だけ行っているわけではありません。他の教科等であっても，問題解決を大切にしています。また，私たち大人だって，日々「問題解決」の連続でしょう。
　小学校理科では，その「問題解決」を行う際に，「科学的に」ということを大切にしている教科なのです。
　「科学的」って言われると，難しそうだなと思う人も少なくないでしょう。小学校理科では，「科学的」を次のように考えています。
　そのキーワードは「実証性」「再現性」「客観性」などです。

実証性…考えたことが観察，実験などで検討できるということ
再現性…仮説を観察，実験などを通して確かめるとき，人や時間や場所を変えて複数回行っても同じ条件で行えば，同じ結果が得られるということ
客観性…実証性や再現性という条件を満足することにより，多くの人々によって承認され，公認されるということ

　つまり，「問題を科学的に解決する」ということは，問題を実証性，再現性，客観性などといった条件で検討するということを大切にしながら，問題を解決していくということなのです。

④見方・考え方

　「柱書」に，「理科の見方・考え方を働かせ」という文言があります。これまで小学校理科は「科学的な見方や考え方を養う」という文言で目標が締めくくられていました。同じような言葉で，少々紛らわしいのですが，実は，これまで使用してきた「見方や考え方」と新学習指導要領で示された「見方・考え方」は，その捉えが異なるのです。
　では，その違いとはなんでしょうか。

これまでの「見方や考え方」は，

> 問題解決の活動によって児童が身に付ける方法や手続きと，その方法や手続きによって得られた結果及び概念を包含する

という表現で示されてきました。

つまり，「科学的な見方や考え方」を育成することを重要な目標として位置付け，資質・能力を包括するものとして示してきたのです。

しかし，今回の改訂では，資質・能力をより具体的なものとして示し，「見方・考え方」は資質・能力を育成する過程で子どもたちが働かせる「物事を捉える視点や考え方」であり，さらには教科等ごとの特徴があり，各教科等を学ぶ本質的な意義や中核をなすものとして全教科等を通して整理されました。このことを踏まえ，理科の特質に応じ，「理科の見方・考え方」として，改めて検討されたのです。

問題解決の過程において，自然の事物・現象をどのような視点で捉えるかという「見方」については，理科を構成する領域ごとの特徴から整理されました。

領域	エネルギー	粒子	生命	地球
見方	主として量的・関係的な視点で捉える	主として質的・実体的な視点で捉える	主として共通性・多様性の視点で捉える	主として時間的・空間的な視点で捉える

このように，領域ごとに，特徴的な視点を示していますが，それぞれの領域に固有の視点ではありません。強弱はありますが，他の領域においても用いられる視点であるということに留意する必要があります。

また，これらの他にも，以下のような視点があることにも留意する必要があります。

| 原因と結果, 部分と全体, 定性と定量　など |

　また，問題解決の過程において，どのような考え方で思考していくかという「考え方」については，これまで理科で育成を目指してきた問題解決の能力を基に整理されました。

考え方	
比較	複数の自然の事物・現象を対応させ比べることである。比較には，同時に複数の自然の事物・現象を比べたり，ある自然の事物・現象の変化を時間的な前後の関係で比べたりすることなどがある。
関係付け	自然の事物・現象を様々な視点から結び付けることである。「関係付け」には，変化とそれに関わる要因を結び付けたり，既習の内容や生活経験と結び付けたりすることなどがある。
条件制御	自然の事物・現象に影響を与えると考えられる要因について，どの要因が影響を与えるかを調べる際に，変化させる要因と変化させない要因を区別するということである。
多面的に考えること	自然の事物・現象を複数の側面から考えることである。

　このような「理科の見方・考え方」を自在に働かせ，自然の事物・現象に関わることができる子どもは，どのような視点で自然の事物・現象を捉え，どのような考え方で思考すればよいのかを自覚しながら，自然の事物・現象に関わることができるということです。子ども自らが「理科の見方・考え方」を意識的に働かせながら，繰り返し自然の事物・現象に関わることで，子どもの「見方・考え方」は豊かで確かなものになっていき，それに伴い，育成を目指す資質・能力がさらに伸ばされていくのです。

　なお，「見方・考え方」は，問題解決の活動を通して育成を目指す資質・能力としての「知識」や「思考力，判断力，表現力等」とは異なりますので，その点に留意してください。

⑤育成を目指す資質・能力

　理科で育成を目指す資質・能力を育成することで，問題を科学的に解決することができるようにしたいということなのです。問題を科学的に解決するということは，大人の私たちでも重要なことですね。では，そのために，具体的にはどのような資質・能力の育成を目指すのでしょうか。

> (1)　自然の事物・現象についての理解を図り，観察，実験などに関する基本的な技能を身に付けるようにすること

　子どもは，自然の事物・現象について，まったく何の知識ももっていないというわけではありません。それまでの様々な経験を通して，イメージや素朴な考えなどをもっているのです。それらを，問題解決の過程を通して，これまでの学習内容や生活経験，観察，実験などの結果から導きだした結論と意味付けたり，関係付けたりして，より妥当性の高いものに更新していくことになります。

　これが，自然の事物・現象についての理解ということになります。このような理解は，その段階での子どもの発達や経験に依存したものですが，自然の事物・現象についての科学的な理解の一つと考えることができます。

　観察，実験などに関する技能については，ポイントは2つです。1つ目は，器具や機器などを目的に応じて工夫して扱うということです。安全に扱うことも重要です。2つ目は，観察，実験の過程やそこから得られた結果を適切に記録するということです。

　解決したい問題についての結論を導きだす際，重要になるのは，観察，実験の結果です。技能が高まっておらず，記録が曖昧だと，観察，実験の結果が不明確になってしまい，考察して結論を導きだすことができなくなります。観察，実験などに関する技能を身に付けることは，自然の事物・現象についての理解や問題解決の力の育成に関わる重要な資質・能力の一つなのです。

> (2) 観察，実験などを行い，問題解決の力を養うこと

　前述しましたが，小学校理科では，子どもが自然の事物・現象に親しむ中で興味・関心をもち，そこから問題を見いだし，予想や仮説を基に観察，実験などを行い，結果を整理し，その結果を基に結論を導きだすといった問題解決の過程を大切にしています。「問題解決の力」は，この過程の中で育成されます。では，「問題解決の力」とは，具体的にどのような力なのでしょうか。小学校理科では，学年を通して育成を目指す「問題解決の力」を具体的に示しています。

> 【第3学年】主に差異点や共通点を基に，問題を見いだす
> 【第4学年】主に既習の内容や生活経験を基に，根拠のある予想や仮説を発想する
> 【第5学年】主に予想や仮説を基に，解決の方法を発想する
> 【第6学年】主により妥当な考えをつくりだす

　これらの「問題解決の力」は，その学年で中心的に育成するものとして示してありますが，「主に」と示しているように，実際の指導に当たっては，他の学年で掲げている「問題解決の力」の育成についても十分に配慮する必要があります。
　この「問題解決の力」は，どの学年の子どもにも必要な力だということです。なぜなら，どの学年の子どもも問題解決の過程を通して，問題解決するからです。仮に，第3学年の子どもが「問題を見いだす」だけでよいのであれば，自然の事物・現象と出合って，問題を見いだしたら，そこで，学習が終了してしまうことになってしまいます。しかし，そんなことはありません。子どもは見いだした問題を，問題解決の過程を通して解決することで，そのことを理解し，知識となって習得されるのです。

つまり，小学校での4年間の理科の学習を通して，これらの「問題解決の力」を育成していくというイメージです。

> (3)　自然を愛する心情や主体的に問題解決しようとする態度を養うこと

　子どもは，植物の栽培や昆虫の飼育という体験活動を通して，その成長を喜んだり，昆虫の活動の不思議さや面白さを感じたりします。また，植物や昆虫を大切に育てていたにもかかわらず枯れてしまったり，死んでしまったりするような体験をすることもあります。また，植物の結実の過程や動物の発生や成長について観察したり，調べたりする中で，生命の連続性や神秘性に思いをはせたり，自分自身を含む動植物は，互いにつながっており，周囲の環境との関係の中で生きていることを考えたりもします。
　このような学習を通して，生物を愛護する態度，生命を尊重しようとする態度が育まれていきます。
　理科では，このような体験を通して，自然を愛する心情を育てることが大切なのです。ただし，それと同時に，人間を含めた生物が生きていくためには，水や空気，食べ物，太陽のエネルギーなどが必要なことなどの理解も大切にする必要があります。このように考えると，小学校理科では，生物と関わることで，自然を愛する心情を養うことが大切であることがわかります。しかし，それだけではありません。自然環境と人間との共生の手立てを考えながら自然を見直すことや，実験などを通して自然の秩序や規則性などに気付くことも，自然を愛する心情を育てることにつながるのです。
　主体的に問題解決しようとする態度としては，意欲的に自然の事物・現象に関わろうとする態度，粘り強く問題解決しようとする態度，他者と関わりながら問題解決しようとする態度，学んだことを自然の事物・現象や日常生活に当てはめてみようとする態度などが考えられます。
　小学校理科では，このような態度を育成していくことが大切です。

（鳴川　哲也）

❸ 「問題解決の過程」と指導スキル

　ここまでは，今回の改訂で示された新学習指導要領における小学校理科の目標から，指導スキルを向上させるための目的について考えてきました。「資質・能力の育成」や「問題解決の過程」が重要なキーワードでした。
　ここでは，「問題解決の過程」について，もう少し詳しく考えていきましょう。小学校理科では「問題解決の過程」を大まかに次のように分けて考えています。

1　自然事象に対する気付き
2　問題の見いだし
3　予想や仮説の設定
4　検証方法の立案
5　観察，実験の実施
6　結果の整理
7　考察
8　結論の導出

　この問題解決の過程をたどるのは，教師ではありません。子どもです。小学校理科の授業を，教師がこの順番で行って，教師が勝手に満足してしまうようではいけません。子どもは，この過程を行きつ戻りつしながら問題を解決していくことだってあるのです。大まかな順序ということで理解してください。
　この問題解決のそれぞれの場面のポイントと，指導スキルを向上させることによって，どのような子どもの姿を求めるのかを以下に示します。

【授業前】
- ☐ 興味・関心を高め，主体的に学ぼうとする姿を求めて
- ☐ これまでの学びを振り返る姿を求めて
- ☐ 自然事象に対するこれまでの考えを更新し，深く理解する姿を求めて

【授業中】

1 自然事象に対する気付き

この段階では，子どもが自然の事物・現象に働きかけることで，気付きをもつことが重要です。授業においては，教師がどのような自然の事物・現象に出合わせるかといった事象提示や場の設定が大切になります。

- ☐ 「理科の見方・考え方」を働かせながら関わる姿を求めて
- ☐ 主体的に対象に関わろうとする姿を求めて

2 問題の見いだし

問題を見いだすのは，子どもです。教師が一方的に，「今日は，この問題を解決しましょう」というように押し付けてはいけません。

- ☐ 問題を見いだす姿，その問題を解決していこうとする姿を求めて
- ☐ 「比較」という考え方を働かせている姿を求めて

3 予想や仮説の設定

解決したい問題に対して，自分なりの予想や仮説をもつことで，問題解決をより主体的に行うようになります。予想や仮説は，子どもによって異なってもよいわけですから，相互理解が大切になります。

- ☐ 既習の内容や生活経験を基に，根拠のある予想や仮説を発想する姿を求めて
- ☐ 「関係付け」という考え方を働かせている姿を求めて
- ☐ 自分の予想や仮説をわかりやすく伝えようとする姿を求めて
- ☐ 多様な考えを尊重しようとする姿を求めて

4　検証方法の立案

　自分なりの予想や仮説が確かなのかどうかを確かめる方法を考えるのがこの段階です。自分の予想や仮説が確かなら，この実験をすれば，このような結果になるはずだという「結果の見通し」をもつことも大切です。

> ☐　予想や仮説を基に，解決の方法を発想する姿を求めて
> ☐　「条件制御」という考え方を働かせている姿を求めて

5　観察，実験の実施

　観察，実験は問題解決の活動の中核となる活動です。観察，実験の結果を基に考察して結論を出すという意識をもって，観察，実験を行うことが大切です。

> ☐　安全に気を付けて，観察，実験を行う姿（理科室）（野外）を求めて
> ☐　自分たちで観察，実験の用具を準備し，主体的に追究しようとする姿を求めて
> ☐　適切な器具を選んで観察，実験する姿を求めて
> ☐　自分たちで観察，実験の方法を工夫する姿を求めて
> ☐　できるだけ複数の事実を見つけ出そうとする姿を求めて
> ☐　一人一人が意欲的に取り組む姿を求めて
> ☐　自然事象とモデルを往還しながら考える姿（モデル実験）を求めて
> ☐　実験の結果の信頼性を確認しようとする姿を求めて
> ☐　視点をもって観察する姿を求めて
> ☐　諸感覚を働かせながら調べる姿を求めて
> ☐　事実を的確に記録する姿を求めて

6　結果の整理

　観察，実験の結果を基に，考察しますが，考察しやすいように表やグラフにまとめたり，たくさんの結果を基に傾向を見たりすることができるようにすることが大切です。

> ☐ 考察しやすいように結果を整理する姿を求めて

7　考察

　考察するときは，事実（観察，実験の結果）とそこから解釈できることを明確にすることが大切です。解決したい問題に対して，自分が立てた予想や仮説に立ち返りながら，結果を基により妥当な考えをつくりだす段階です。

> ☐ 事実と解釈を意識して考察する姿を求めて
> ☐ より妥当な考えをつくりだす姿を求めて
> ☐ 「多面的に考える」という考え方を働かせている姿を求めて

8　結論の導出

　結論は，「解決した問題に対する現段階での答え」と考えましょう。また，結論を導出したからこそ，新たに問題が見いだされることにも目を向けましょう。

> ☐ 問題に対する答えとしての結論を導出する姿を求めて
> ☐ 導出した結論を基に，新たな問題を見いだす姿を求めて
> ☐ 自分の学びを振り返り，成長を自覚する姿を求めて
> ☐ 導出した結論を既習の内容や生活経験と関連させる姿を求めて

【授業後】

> ☐ 問い続ける子どもの姿を求めて

【通年】

> ☐ 理科好きの子どもの姿を求めて

　それぞれの場面での，子どもの姿のイメージは浮かんできましたか？
　次は，いよいよ，具体的な指導スキルの話です。

(鳴川　哲也)

4

理科にかかせない指導スキルとは

　理科の授業を想起するとき，真っ先に思い浮かぶのは，観察や実験の様子でしょう。そうです。理科の授業の中核をなすのは観察，実験です。しかし，観察，実験を実施していれば理科なのかというと，そうではありません。そもそも観察，実験とは，解決したい問題があって，その問題に対して自分なりの予想や仮説があって，その予想や仮説の確からしさを検証するという活動です。

　理科の授業は，前述しましたが，子どもたちが自然の事物・現象に関わり，そこから解決したい問題を見いだし，問題解決の活動を通して，問題に対する結論を導きだします。その結論が，その発達の段階における子どもの理解です。この問題解決の活動を通して，思考力，判断力，表現力等を育成したり，学びに向かう力，人間性等を涵養したりするわけですから，指導スキルは多岐にわたります。

　本書では，以下の12の視点から指導スキルを掲げました。

1	教材研究・予備実験	2	事象との出合わせ方
3	話し合いの充実	4	グループ活動の充実
5	発問，言葉かけ	6	板書，ノート指導
7	観察，実験についての指導	8	見取り（評価）
9	ICT機器の活用	10	安全指導
11	理科室経営	12	基礎力

　この12の視点に沿って，具体的な60の指導スキルを示しました。どのような場面で，どのような子どもの姿を求めるために指導スキルを磨くのかに

ついても述べています。
　この12の視点に沿った指導スキルを，教師はいつ磨くのでしょうか？
　それは，もちろん日々の教育活動の中でです。日々の理科の授業の中で，教師は，自分の指導方法を振り返り，自分の指導の在り方を考え，改善していくといった継続的な営みを通して，指導スキルを磨いていくのです。

　先に示した12の視点に沿った指導スキルの中の1つに「5　発問，言葉かけ」があります。発問，言葉かけは，授業前にあらかじめ「このような発問をしよう」「このような子どもがいたら，このように言葉かけしよう」などと考えていても，実際に事前に想定していた発問や言葉かけを行うのは，授業中になります。
　指導スキルを磨くということは，Plan-Do-Check-Act（PDCA）を繰り返すことですから，授業前，授業中，授業後に分けることができます。
　そこで，今回，具体的に示した60の指導スキルについては，指導スキルごとに，【授業前】【授業中】【授業後】【通年】のように示し，場面を示しました。さらに，【授業中】においては，問題解決の過程を示しました。理科の授業で大切にしている，問題解決の流れをイメージしながら，どのような場面を想定して指導スキルを磨くのかを理解していただければ幸いです。

　さて，そもそも，何のために，指導スキルを向上させるのでしょうか？ここまで読んだ中に，その答えがありましたね。それは，教師の仕事として，目の前の子ども一人一人に資質・能力を育成するためです。当たり前かもしれませんが，このことを忘れてはいけません。指導スキルが向上しているのかどうかを評価してくれるのは，目の前の子どもたちです。子どもたちの姿から，自分自身の成長を感じたり，まだまだな自分を見つめたりしてください。

（鳴川　哲也）

	どのような場面で？	どのような姿を求めるのか？（何のために？）	
授業前		☐ 興味・関心を高め，主体的に学ぼうとする姿	
		☐ これまでの学びを振り返る姿	
		☐ 自然事象に対するこれまでの考えを更新し，深く理解する姿	
授業中	自然事象に対する気付き	☐ 「理科の見方・考え方」を働かせながら関わる姿	
		☐ 主体的に対象に関わろうとする姿	
	問題の見いだし	☐ 問題を見いだす姿，その問題を解決していこうとする姿	
		☐ 「比較」という考え方を働かせている姿	
	予想や仮説の設定	☐ 既習の内容や生活経験を基に，根拠のある予想や仮説を発想する姿（検証可能）	
		☐ 「関係付け」という考え方を働かせている姿	
		☐ 自分の予想や仮説をわかりやすく伝えようとする姿	
		☐ 多様な考えを尊重しようとする姿	
	検証方法の立案	☐ 予想や仮説を基に，解決の方法を発想する姿（より妥当な解決方法）	
		☐ 「条件制御」という考え方を働かせている姿	
	観察，実験の実施	☐ 安全に気を付けて，観察，実験を行う姿（理科室）	
		☐ 安全に気を付けて，観察，実験を行う姿（野外）	
		☐ 自分たちで観察，実験の用具を準備し，主体的に追究しようとする姿	
		☐ 適切な器具を選んで観察，実験する姿	
		☐ 自分たちで観察，実験の方法を工夫する姿	
		☐ できるだけ複数の事実を見つけ出そうとする姿	
		☐ 一人一人が意欲的に取り組む姿	
		☐ 自然事象とモデルを往還しながら考える姿（モデル実験）	
		☐ 実験の結果の信頼性を確認しようとする姿	
		☐ 視点をもって観察する姿	
		☐ 諸感覚を働かせながら調べる姿	
		☐ 事実を的確に記録する姿	
	結果の整理	☐ 考察しやすいように結果を整理する姿	
	考察	☐ 事実と解釈を意識して考察する姿	
		☐ より妥当な考えをつくりだす姿	
		☐ 「多面的に考える」という考え方を働かせている姿	
	結論の導出	☐ 問題に対する答えとしての結論を導出する姿	
		☐ 導出した結論を基に，新たな問題を見いだす姿	
		☐ 自分の学びを振り返り，成長を自覚する姿	
		☐ 導出した結論を既習の内容や生活経験と関連させる姿	
授業後		☐ 問い続ける子どもの姿	
通年		☐ 理科好きの子どもの姿	

教師の何の指導スキルを UP させるのか？

1. 教材研究・予備実験	2. 事象との出合わせ方	3. 話し合いの充実	4. グループ活動の充実	5. 発問,言葉かけ	6. 板書,ノート指導	7. 観察,実験についての指導	8. 見取り（評価）	9. ICT機器の活用	10. 安全指導	11. 理科室経営	12. 基礎力
2	4	4	3	14	5	6	4	4	4	5	5
									●47	●51	
										●52	
●1					●28						
	●3										
	●4							●43			
	●5			●14							
				●15							
		●7		●16							
				●17							
					●29		●39	●44			
		●8									
		●9		●18							
				●19							
●2				●20					●48	●53	
									●49		
			●11							●54	
						●33					
										●55	
				●21			●40	●45			
			●12								
						●34					
						●35					
						●36					
						●37					
						●38					
					●30			●46			
					●31						
		●10	●13	●22							
				●23							
				●24			●41				
	●6			●25							
				●26		●32					
				●27							
							●42		●50		

研修会に参加する　●56
教師自身が自然に親しむ　●57
授業を見てもらう　●58
本を読む　●59
子ども理解を深める　●60

5

12の視点からの指導スキルのポイント

①教材研究・予備実験

　理科の授業のイメージを想起すると，真っ先に観察，実験が浮かんできます。理科の授業の中核をなすのは，この観察，実験といっても過言ではないでしょう。この観察，実験の結果を基に，考察し結論を導きだすことになりますから，子どもたちが行う観察，実験は非常に重要な活動です。

　この観察，実験において，先生方が最も気になることは，**教師の想定外の結果ができてきたらどうしよう**…ではないでしょうか？

　結論を導きだす際，教師が想定していた結果とは異なる結果が出てくると，それをどのように扱ったらよいのか困ってしまいます。

　このような状況になったときの指導スキルは，「5　発問，言葉かけ」で述べたいと思いますが，子どもがどのように観察，実験を行い，どのような結果を得るのかを事前に教師が予備実験を行うことで，どのような教材を使用して，どのような観察，実験を行えばよいかが見えてきます。

　また，教材研究や予備実験を行うことで，事前に危険性を把握することができます。教材研究や予備実験の重要性は理解していただけると思いますが，皆さんからは，「時間がないよ」という声が聞こえてきます。先生方にはたくさんの仕事がありますから，その声の切実さは理解できます。しかし，忙しいからといって教材研究や予備実験を怠ってはいけないのです。

　職場の仲間と一緒に楽しく教材研究ができればいいですね。大人になっても，磁石で遊んでみると楽しいものです。教材研究を楽しんでください。

②事象との出合わせ方

　理科は，子どもが自然の事物・現象に主体的に関わり，そこから問題を見いだすことを大切にしています。教師が与えた問題を解決するのではなく，子どもたちが自分たちで解決したいという問題を，自分たちで解決していくことを大切にしているのです。ですから，どのような自然の事物・現象に，どのように出合わせるかということがとても重要なのです。

　子どもは，それまでの学習や生活経験を通して，学習内容について，その子どもなりの考えをもっています。自然の事物・現象に出合ったとき，子どもはそれまでもっている自分なりの考えを基に，その事象を解釈しようとします。しかし，解釈しきれないときに「あれっ？」と思うのです。このような状況をつくりだすような事象提示を目指しましょう。また，子どもたちが自由に試行できる場を設定するということも有効でしょう。目の前の子どもたちが，学習内容について，どのような考えをもっているのかという，子ども理解が重要になります。

　教師が，「今日はこの問題について考えましょう」と言って，一方的に問題を黒板に書き出しても，子どもの問題解決にはなりません。

③話し合いの充実

　新学習指導要領を象徴するキーワードの１つに，「主体的・対話的で深い学び」があります。また，これまでも重視されてきた「言語活動」についても，引き続き重要視されています。これらのことからも，理科の授業において「話し合い」を意識する教師も多いと思います。

　理科の授業において，「話し合い」は非常に重要です。理科はこれまでも述べてきましたが，観察，実験を中核としていた問題解決の活動を通して，資質・能力を育成していきますが，観察，実験の前と後では，**話し合いの目的が異なるのです。**

　観察，実験の前では，問題に対する自分なりの考えをもちますが，その根

拠は既習の内容や生活経験を基にしますから，それぞれの考えが異なっても構いません。相互理解が話し合いの目的になります。無理に班で1つの考えにまとめようとする必要はないのです。

　しかし，観察，実験後に考察する際，考えの拠りどころは観察，実験の結果です。その結果を基に，解決したい問題に対する，より妥当な考えをつくりだすことになりますから，その集団において承認され，公認された考えになるように話し合うことになります。合意形成が話し合いの目的になります。今度は，みんなで1つの結論を導きだすような話し合いをしなければならないということなのです。

　教師は，それぞれの場面において，目的を明確にして話し合い活動ができるよう支援する必要があるのです。

　これらの話し合いを充実させるには，それまでの学習内容の履歴を掲示したり，共通体験をさせたりといった工夫も大切になります。また，班ごとや個人で行った観察，実験の結果はもれなく示して，概観できるようにすることや，表やグラフに整理したり，絵や図などで自分の考えを表現したりすることなども大切なことです。

④グループ活動の充実

　理科の授業では，グループで活動することが多いという印象があると思います。それは，グループで観察，実験をしているからかもしれません。そして，それは，顕微鏡や実験用コンロなど，観察，実験の器具等がグループに1つしかないから自ずとグループでの活動になってしまうと考えている先生も多いのではないでしょうか。

　観察，実験を行う際，個人で行うにしても，グループで行うにしても，大切なことがあります。それは，**できるだけ多くの事実を基に考察し，結論を導きだす**ということです。仮に6つの班が，それぞれ同じ実験を行い，その結果を基に考察する場合，6つの結果を基に考察するわけですから，どのグループの結果も非常に大切なのです。

また，役割分担をすることもあると思いますが，「実験の条件が同じなら，誰がやっても同じ結果が得られる」という「再現性」という視点から考えると，分担を交代しながらグループ活動を行うことも大切なのです。

　グループごとの，またはグループ内の一人一人の観察，実験の結果がとても大切であることを意識させましょう。解決したい問題を共有し，みんなで解決していくわけですから，1つ1つの観察，実験の結果が欠けがえのないものなのです。そのような意識をもてば，各々が責任をもって観察，実験に取り組むようになります。

⑤発問，言葉かけ

　発問や言葉かけは，子どもの活動や思考を大きく左右する，非常に重要な支援です。教師は，資質・能力の育成を目指して授業を行いますから，問題解決の活動のどのような場面で，どのような姿を目指すために，どのような発問，言葉かけを行うのかを考える必要があります。

　つまり，**求める子どもの姿を明確にして授業を行うことが大切なのです。**

　特に，新学習指導要領では，「問題解決の力」の育成を目指しています。この「問題解決の力」の育成を意識した発問，言葉かけはとても重要になってきます。

　また，子どもたちは，解決したい問題を，みんなで追究していきます。理科の学習において，自分で問題を見いだし，自分で実験して，自分で問題に対する結論を見いだしたとしても，その結論には，客観性に欠けますから，そのような学習は，理科の学習の仕方とは言えません。新学習指導要領のキーワードの1つである「対話的な学び」のように，互いの考えを認め合いながら，みんなで問題を解決していく中で，資質・能力を育成していくことが大切なのです。ですから，発表している子どもの考えを，教師が一生懸命聞いて，教師だけが理解してもだめなのです。子どもの考えを広めていくためには「○○さんの考えは，わかったかな」「○○さんの考えの続きを言える人いるかな」「○○さんの考えを，もう一度言ってくれる人いるかな」な

どといった教師の問い返しも，重要なのです。

⑥板書，ノート指導

　教師が板書するときも，子どもがノートに書くときも，意識する必要があるのは，問題解決の過程です。そのためには，理科の一連の問題解決の活動において，問題と結論，予想や仮説と考察をつなげて考えることが大切です。これは筋道を立てて論理的に考えることにつながります。このことを意識して構造的な板書にしたり，ノート指導を行ったりすることで，子どもたちは，問題解決をより意識するようになるでしょう。問題の答えが結論になるわけですから，それを意識するだけでも，子どもの思考は深まります。考察する際は，解決したい問題に対する自分なりの予想や仮説に立ち戻って，自分の考えを深めたり修正したりすることが大切になります。ですから，予想や仮説と考察が比較しやすいように黒板に配置しましょう。

　教師の板書を見て，子どもたちはノートづくりをしますから，教師が，板書する際に，「結論は問題に対する答えと考えるといいね」といったように板書の意味を知らせながら，ノート指導を行いましょう。

　また，黒板やノートは子どもの考えを表出する場です。自分の考えを絵や図で表したり，表やグラフにまとめたりできるよう指導したいものです。

　さらに，子どもたちはノートに自分の考えを記していくことによって，自分の変容に気付きます。吹き出しや矢印などを効果的に使用して，自分の考えの変容がわかるようなノートになるように指導しましょう。あとでノートを基に自分の学びを振り返ったとき，自分の成長を感じることができたらいいですね。

⑦観察，実験についての指導

　理科の学習の中核をなすのか，観察，実験です。前述しましたように，予想や仮説の確からしさを検証するのが観察，実験なのです。観察，実験の結果を基に考察するわけですから，常に結果の信頼性が問われるわけです。何

が結果で,そこから考えたことは何かというように,事実と解釈の違いを意識しながら観察,実験を行うことができるよう指導していくことが重要です。

　グループごとに実験が終わるとみんなが実験を終えるのを静かに待っているようなことはありませんか？

　理科は「科学的」ということが大切であることは前述しました。「実証性」「再現性」「客観性」といった側面から検討するということを大切にしているのです。ですから,実験も１度やれば終わりではなく,何回やっても同じような結果が得られることが大切なのです。時間があれば,何度も実験をして,結果を蓄積したり,他の班の結果を見に行って同じような結果が得られているかなどの情報を収集したりすることも大切なことなのです。

　観察,実験の技能を身に付けることも資質・能力の一つです。問題解決の過程において,考察する際の拠りどころは,観察,実験の結果となります。ですから,器具を適切に操作して,適切に結果を記録しておかなければ,解決したい問題について,結果を基に考察することができなくなり,結論を導出できなくなってしまいます。技能の習得も大切なのです。

⑧見取り（評価）

　子どもの姿から,資質・能力の高まりを見取り,評価していくことになります。単元末にペーパーテストなどを実施するかもしれませんが,それだけで,子どもを評価できるはずがありませんね。子どもの様々な活動を評価の対象とし,子どもの発表やつぶやき,ノートに表出されたもの,まとめで書いた新聞など,**様々な側面から評価を行っていくことが大切です。**

　また,指導と評価の一体化と言われるように,子どものよさを見取って価値付けること,子どもの姿から自分の指導の在り方を見直すことも大切です。

　ノートに表出された内容を基に子どもを見取る場合,放課後などを活用して,時間をかけて子供の変容を見取ることができます。しかし,ノートに文字言語で表現することが苦手な子どももいます。逆に,授業中の行動で自分の考えを表出する子どももいます。その場合の子どもの表出は瞬間的です。

子ども一人一人の個性を考え，子どもを見取り，そのよさを称賛していくことが大切です。

⑨ ICT機器の活用

理科でICT機器を活用する場面はたくさんあります。資料やノートを拡大して提示したり，調べ活動をしたりする際の様子を思い浮かべるでしょうか。このような活用の仕方は，理科特有の活用の仕方ではなく，他教科等でも同じような目的で活用します。

では，理科特有の活用の仕方はあるのでしょうか。

理科は，観察，実験を行い，そこから得られた結果を基に考察します。目の前に，観察，実験の対象があって，じっくり時間をかけてそこから事実を得ることができるのであればよいのですが，刻一刻と変化していく現象から事実を見つけだすとなると，容易なことではありません。その際，タブレットなどで動画を撮影し，後から繰り返し再生しながら，グループ等で事実を確認し合うといったICT機器の活用の仕方は，理科特有かもしれません。

反対に，観察してスケッチすることが大切なのに，デジタルカメラで撮影して観察を終えるといった活用の仕方では，子どもに資質・能力が育成されません。目的を明確にしてICT機器を活用することが大切です。

⑩ 安全指導

子どもたちは，理科での観察，実験が大好きです。しかし，万が一観察，実験中に事故が起こってしまっては，大好きな活動も台無しになってしまいます。安全については，具体的な指導を行い，**子どもたちがその意味を理解することが大切です。**

「実験は立って行いなさい」と指導しても，子どもは「どうして？」と思っているかもしれません。

安全指導は，授業前，授業中，室内，室外など，様々な状況に応じて，その指導が異なりますので，様々な視点で安全面への配慮が必要です。

また，経年劣化で古くなると危険性が生じる実験器具等もあります。定期的に実験器具等の点検を行い，実験器具の更新も行いましょう。

⑪理科室経営

　理科室には，子どもにとって楽しいものがたくさんありますが，その一方で危険なものもたくさんあります。安全面に十分配慮しつつ，魅力的な理科室経営をしてほしいと思います。生き物を飼育したり，魅力的な掲示物があったりと，子どもが理科室に行くとワクワクするような環境に整えたいものです。また，整理整頓に心がけ，子どもたちが自分たちで実験器具を用意できるような環境にしたいですね。そのためにも，古いものは廃棄し，計画的に新しい実験器具などを購入することも大切です。

　子どもたちが，自分で観察，実験の用具をそろえることができたら，より主体的に学習に取り組むことができるでしょう。必要な小物も準備して，自由に使用してよいコーナーなどがあると，理科室の魅力はさらに高まります。

⑫基礎力

　子どもたちに理科好きになってほしかったら，まずは教師自身が理科好きになることが大切です。

　理科好きといっても，たくさんの知識をもたなければいけないということではありません。アメリカの海洋生物学者であるレイチェル・カーソン氏の「センス・オブ・ワンダー」という有名な言葉があります。「自然の不思議さや神秘さに目を見張る感性」と訳されていますが，教師にこそ，この「センス・オブ・ワンダー」が必要です。自然の不思議さや神秘さに「あれっ，どうして？」と感じること，子どもの発言に「すごいことを考えたね」と寄り添うことなど，理科を教える教師としての基礎力を付けることが大切です。

　「あなたの小さなうなずきで，子どもが大きく育っています」

（鳴川　哲也）

Chapter 2

理科授業の指導スキル 60

1

使用場面：授業前　　　　　　　　　教材研究・予備実験

考えの更新を促す導入をするスキル

POINT
① 教師自身が，教材研究を楽しむ
② 予備実験は早めに，複数の目で見る

①教師自身が，教材研究を楽しむ

　理科ならではの活動と言えば，観察，実験ですよね。その観察，実験で使うのは教材です。ということは，教材を研究することは「子どもたちが，理科を学ぶうえで大切にしたいこと」を学ぶことができます。つまり，理科の学びの本質に迫ることができるのです。それでは，教材研究をするうえで大切にしたいこととは何でしょうか。それは，教師自身が，教材研究を楽しむことです。

　休みの日に街に出かけたときでも，身の回りで教材に生かせるものがないか探しながら過ごすぐらい，とにかくとことん教材について研究します。例えば，第3学年「磁石の性質」について教材研究していたときのことです。恥ずかしながら私は教材研究をするまで，磁石は磁石という素材であると思っていました。しかし，教材研究を進めていくと，磁化した素材を磁石と呼び，素材は金属やプラスチックなどがあることがわかりました。また，金属の中でも磁気を帯びやすい素材は，鉄，コバルト，ニッケルであることがわかりました。

　以下は実際の授業，磁石に付けたくぎ（鉄）が，磁石になるのかについて結論を導出する場面での子どもの姿です。

子ども　僕は磁石になったとは思わないな。
教　師　どうしてそう思うの？
子ども　だって，最初は磁石みたいに他のくぎ（鉄）がくっ付いたけれど，時間が経つと他のくぎ（鉄）が付かなくなったもの。磁石だったら，ずっと付いていないとダメでしょう？

　教材研究を通して，磁石は磁気を帯びた素材であることを知っていた私は，この子どもが目の前の実験結果を基に，磁石の性質を捉えていることを理解することができました。その後，「素材によって磁石になったり，ならなかったりするのか」などを調べることを通して，考えの更新をしていき，さらに深く磁石の性質を理解することができました。
　このように，教材研究を十分に行うことで，子どもの発言の真の価値に気付き，理科の学びの本質に迫ることができるのです。

②予備実験は早めに，複数の目で見る

　理科は観察，実験がありますから，必ず予備実験をする必要があります。予備実験をすることで，授業の構想を練ることができるのはもちろんのこと，観察，実験で使う器具の状態や数を把握することができます。どんなにすばらしい授業を構想したとしても，自然事象を調べるための器具が十分にそろっていなくては，理科の学びは成立しません。学校によっては，十分な器具がそろっていない場合がありますが，事前に器具の状態や数を把握することで，あるだけの器具で最善の計画を立てることができます。また，早めに行うことで，どうしてもある程度の数が必要な場合は，学校の管理者に相談すれば購入できるかもしれません。
　なお，予備実験はできるだけいろいろな先生に見てもらいましょう。実際に観察，実験は子どもが行いますから，自分では気付かなかったことを指摘してくれたり，アイデアをくれたりします。地域で理科を研究しているサークルに顔を出してみるのもいいかもしれません。

（加藤　怜）

使用場面：授業中　観察，実験の実施　　教材研究・予備実験

子どもに観察，実験の危険性を把握させるスキル

POINT
❶「もしも」のことを考えて，準備をする
❷画像や動画で危険性を把握できるようにする

①「もしも」のことを考えて，準備をする

　観察，実験は，理科の授業を行ううえで，核となるものです。しかし，観察，実験を行う以上，危険は必ず付きまとってきます。だからこそ教師は，最悪のことを考えて，最善の準備をする必要があるのです。

　実験の場合，例えば，水溶液の実験の際は，液が目に入ったり肌についたりする可能性があります。「もしかしたら，目に入るかもしれない」と考え，保護メガネをつけることや，「もしかしたら，肌につくかもしれない」と考え，水溶液がついた場合はすぐに水道水で洗うことを子どもたちに事前指導しておくことが大切なのです。また，観察の場合，例えば，昆虫の観察に野外に行く際は，虫に刺されたり植物にかぶれたりする可能性があります。「もしかしたら，刺されたりかぶれたりするかもしれない」と考え，直接肌を露出しないように子どもたちに長袖・長ズボンを着用させます。また，刺された後に症状が悪化する最悪の場合を想定し，病院に連れていったり，学校の管理者に連絡したりするなどの事故発生時の対応を考えて，校外学習の実施計画に記載しておくことが大切です。

　つまり，「もしも○○になってしまったら，□□する」とあらかじめ決めておくことで，迅速な対応ができるのです。

②画像や動画で危険性を把握できるようにする

　理科は，問題解決の過程を通して授業が進められていきます。自然事象からの気付きを基に問題を設定し，根拠のある予想をし，予想を検証するための方法を考え，観察，実験を行い，結果を整理し，結果を基に考察し，本時の問題に対して結論を導出します。このような過程の中で，どの場面で，どのように安全指導を行えばよいのでしょうか。

　実際に観察，実験をする前に安全指導をすることが多いと思いますが，「ようし，実験をするぞ！」と意欲が高まっている状態の子どもたちに，長く言葉だけで安全指導をしても，観察，実験への意欲は下がってしまうし，何より子どもたちが安全な観察，実験の仕方について十分に理解できないでしょう。そこで，子どもが画像や動画で，ぱっと一目で確認できるようにします。画像の場合は，黒板に貼るだけにしておくと，観察，実験の内容に合わせて何度も使うことができます。また，いつも貼る場所を同じにしておくことで，子どもたちが気を付けることを自分たちで確認しながら観察，実験をすることができます。

　それでもなお，子どもは観察，実験に夢中になってしまうと，つい気を付けることを忘れて観察，実験をしてしまうことがあります。そのようなことがないかを，教師が机間指導をすることで確認し，「黒板に貼ってある，気を付けることをもう一度確認してみよう」と声をかけることで，安全に観察，実験をすることができるようになっていきます。動画の場合は，沸騰中の突沸のように，画像ではその危険性が伝わりづらい現象に関して使用すると効果的でしょう。

　このように，「絶対安全はない」ということを教師が心がけ，危険性を簡潔に子どもたちに指導することで，子ども自らが危険に気を付けて安全に観察，実験ができるようにしていくことが大切なのです。

　　　　　　　　　　　　　　　　　　　　　　　　　　　　（加藤　怜）

使用場面：授業中　自然事象に対する気付き　事象との出合わせ方

子どもが「理科の見方・考え方」を働かせることを促すスキル

POINT
❶ 見方・考え方を働かせざるを得ない状況をつくりだす
❷ 見方・考え方に価値を感じるようにする

　教師は授業の様々な場面で，子どもたちが見方・考え方を働かせることができるようにすることが大切です。ですので，自然事象に対する気付きの場面でも，見方・考え方を働かせることができるようにしていきます。そうすることで，子どもが自ら問題を見いだすことができるようになるのです。

　子どもたちは事象と出合ったとき，様々な見方・考え方で事象を見つめます。例えば，集気瓶の中にあるろうそくが消える現象を見たとしましょう。その際，子どもはろうそくが燃えているときと消えてしまったときとの違いを「比較」します。さらに，「質的」な見方をした子どもは「ろうそくが燃えたことによって，瓶の中の空気の性質が変わったのだろうか？」と問題を見いだすでしょうし，「実体的」な見方をした子どもは，「瓶の中の空気がなくなってしまったのだろうか？」と問題を見いだします。したがって，教師がその単元や本時で，子どもにどのような見方・考え方を働かせたいかによって，「どの事象」を「どのように提示」するかが変わってくるのです。

❶ 見方・考え方を働かせざるを得ない状況をつくりだす

　理科の学びで最もよく働かせる考え方が，「比較」です。子どもは比較することで，差異点や共通点を基に，問題を見いだします。以下では，第3学年「身の回りの生物」における具体的な授業，観察する前に子どもたちが

現時点で考えるアリの体を描き，その違いを比較することで，問題を見いだす場面を基に説明します。

教　師　みんなが描いたアリの体を見て，何か気付くことがあるかな？
子ども　みんなバラバラだ！
子ども　本物を捕まえて，観察したい！そうすれば，本当の体のつくりがわかるはず。

　以上のように，観察前にアリの体のつくりを描く場面を設定し，その違いを比較する場面を設定することで，子どもたちは互いの絵を比較し，問題を見いだすことができます。このように，子どもが「比較」という考え方を働かせざるを得ない状況をつくりだすことが大切なのです。

②見方・考え方に価値を感じるようにする

　見方・考え方を働かせざるを得ない状況をつくりだし，その姿を称賛することで，子どもはそれらを働かせることに価値を感じ，自覚的に見方・考え方を働かせるようになります。以下は，第5学年「振り子の運動」の授業で，あえて条件を制御していない状態で実験をし，振り子が一往復する時間が何によって変わるのかについて結論を導出する場面での，子どもの発言です。

子ども　この実験結果からは結論は出せない！　だって，前に，植物の発芽の条件を調べたときは，変える条件と変えない条件を決めて，1つ1つ調べたから，何が発芽に必要な条件かわかったでしょう？今日のように一緒に調べてしまうと，何によって振り子の一往復する時間が変わるのかわからない！

　それまでの学習において，条件制御をしていないことで，問題が解決できなかったという経験も大切になります。そのような経験を通して，子どもは「条件制御」の価値を理解し，本単元においても自覚的に見方・考え方を働かせることができるのです。教師は単元だけでなく，単元間のつながりも意識して授業を構想していくことが大切なのです。

（加藤　怜）

使用場面：授業中　自然事象に対する気付き　　事象との出合わせ方

主体的な関わりを促すスキル

POINT
❶ 子どもが目的をもって自由試行できる場を設定する
❷ 科学的な概念を更新していく

① 子どもが目的をもって自由試行できる場を設定する

　子どもが事象について自由に試行する場を設定し，そこから得た気付きを基に問題を見いだし，解決していくことは有効な手立ての一つです。しかし，そこに何の工夫もなく試行させてしまっては，なかなか単元のねらいに迫ることはできません。そこで，大切にしたいのが，自由試行の中に，目的をもたせるというということです。では，第3学年「風とゴムの力の働き」における具体的な授業場面を基に説明します。単元の導入で，ゴムの力で動く車を使い，ゴールインゲームを行います。

　ゴールインゲームのルール
　　AゾーンとBゾーン両方に入れると，10点。それ以外は，0点。

教　師　ゴールインゲームの結果はどうだったかな？
子ども　0点！　絶対Bゾーンに入らないよ。だって，ゴムをいっぱい伸

ばして，やっとAゾーンに入るくらいだから。
教　師　では，どうすればいいかな？
子ども　もっと，長いゴムがほしいです。
教　師　どうしてそう考えたの？
子ども　だって，ゴムを一番長く伸ばしたときはAゾーンに入ったから，もっと長く伸ばしたときは，Bゾーンまでいくはずだよ。

　以上のように，ゴールインゲームで，AゾーンとBゾーンに車を止めるという目標を設定します。また，既存のゴムではBゾーンに届かないという「しかけ」をします。子どもはゴムの長さを変えて車を自由に進めるという活動をすることを通して，「ゴムの長さと車の進む距離」という事象について主体的に関わることができるのです。

②科学的な概念を更新していく

　少しダイナミックな話になってしまいますが，これまでの科学の歴史を振り返ってみると，新しい発見があるたびに，人類は科学的な概念を更新してきました。例えば，天動説から地動説へと更新されていったように…。実はこのような科学的な概念の更新は，子どもにも当てはまることなのです。第3学年「電気の通り道」で，電気を通す物を調べた後，ある子どもが「今まで調べた物の中では，電気を通す物は金属だけだったけれど，もしかするとまだ調べていない物の中に金属以外で電気を通すものがあるかもしれない」と話していました。この姿からは，それまでの実験結果を基に，「身の回りにある物で，電気を通す物は金属なんだ」という子ども自身が科学的な概念を更新しつつも，「調べていない物についてはどうなんだろう？」と新たな問題を見いだす姿であると思います。次時では，この子どもに寄り添い，「まだ調べていない物も電気を通すのか」を問題として授業を行いました。このように，子ども自らが見いだした問題を大切にして授業を構想していくことで，主体的に自然の事象に関わっていくことができるようになっていくのです。

(加藤　怜)

5 問題を見いだし，問題解決を促すスキル

使用場面：授業中　問題の見いだし　　　事象との出合わせ方

POINT
❶ 子どもが友達の考えを把握するために板書を工夫する
❷ 考えが変わった子どもにその理由を問う

　子どもが問題解決に向かうためには，まずは自分が問題に対してどう考えているのかが，明確になっている必要があります。理科の場合，予想の場面で子どもが考えの根拠とするのは，既習の内容や生活経験です。全員が明確な根拠をもって予想できるようにしたいですが，自然事象に対する既習の内容や生活経験が乏しい場合，考えの根拠を明確にすることができない子どもも出てくるでしょう。根拠なく予想して問題解決に向かってしまうと，その子どもは「自分事」ではなく，「他人事」として授業が進んでいってしまいます。そこで，着目させていきたいのが「友達の考え」です。事象に対して根拠とする既習の内容や生活経験がない場合は，友達の考えを聞いて，「確かにそうだな！」と納得することができれば，それを根拠としてもよいのです。また，友達の考えを聞きながら授業に臨むことは，対話的な学びにもつながっていくことでしょう。理科の問題解決においては，他者と関わりながら問題を解決していくことが大切です。他者との関わりが，問題を科学的に解決していくことにつながっていくのです。

　それでは，第3学年「物と重さ」における具体的な授業，導入で粘土を提示し，形を変えると重さが変わるのかを予想する場面を基に説明します。

教　師　粘土の形を変えると，重さはどうなるのかな？
全　体　変わる？　変わらない？　（つぶやき）

教　師	今のみなさんの声からは，変わるって人と変わらないって人がいるみたいだね。では，変わると思う人は手を挙げてみて（変わると予想する人数を板書する）。反対に変わらないと思う人は手を挙げてみて（変わらないと予想する人数を板書する）。
教　師	では，変わるって考えた人は，どうしてそう思ったの？
児童A	僕は，細長くした粘土は重くなると思う。だって，尖った鉛筆の芯を手に当てるとチクチクするでしょ？　だから，粘土を細長くすると秤を押す力が強くなって重くなると思う。
教　師	なるほど。変わらないって考えた人は，どうしてそう思ったの？
児童B	僕は形を変えても重さは変わらないと思うな。だって，形が変わって重さが変わってしまったら，僕たちも体重計に乗るたびに体重が変わるってことだよね。それじゃあ，おかしくなっちゃう！
教　師	今の話を聞いて考えが変わった人はいるかな？ （人数が変わった場合は板書する）
教　師	どうして，Cさんは考えが変わったのかな？
児童C	Aくんの考えを聞いて私は逆に考えたの。粘土を細くすると秤に当たる部分が小さくなるから押す力が小さくなって軽くなると思う。

①子どもが友達の考えを把握するために板書を工夫する

　以上のように，子どもが問題に対してどのように考えているのかとその人数を板書します。そうすることで，子どもが友達の考えを把握し，これを根拠として予想することができるようになります。

②考えが変わった子どもにその理由を問う

　また，友達の考えを聞いて考えが変わった子どもにその理由を問うことで，根拠を思い付かなかった子どもも徐々に根拠が明確になっていくからこそ，「解決したい」と思い「自分事」として問題解決へと向かうことができるようになっていくのです。

（加藤　怜）

使用場面：授業中　結論の導出

事象との出合わせ方

「だったらこれは」という思考を促すスキル

POINT
❶事象提示をあえて限定的に行う
❷身の回りの物に目を向けさせるような問いかけをする

　子どもは，最初から自然と「だったらこれは」の思考ができるわけではありません。そこで，教師が上記のようなスキルを組み合わせて使用することによって，単元を通して徐々に「だったらこれは」の思考をはぐくみます。

①事象提示をあえて限定的に行う

　子どもが結論を導出する際に根拠とするのは，観察，実験をした結果です。なるべく多くの結果から結論を導出した方が，結論の妥当性は高まります。その結論を他の自然事象に当てはめることで新たな問題を見いだすことができます。そこで，あえて事象提示を限定し，結論を導出する際に，自分の身の回りの物に目を向けることができるような問いかけをすることによって，子どもは「だったらこれは」の思考ができるようになります。以下では，第３学年「光と音の性質」の具体的な授業，導入で大太鼓を提示し，音と震えとの関係を調べた後，結論を導出する場面を基に説明します。

教　師　今日の実験結果から，どんなことが言えるかな？
子ども　大太鼓は，音が出るとき，震えている。
教　師　では，音が出るとき，他の物は震えているのかな？
子ども　叩く楽器の大太鼓は震えていたよね。だったら，同じ叩く楽器のシンバルは震えているよ。

子ども　だったら，叩かない楽器の鍵盤ハーモニカは震えていないと思うよ。
　以上のように，本時の結果から結論を導出する場面において，「他の物は震えているのか？」と問いかけます。そうすることで，「大太鼓は音が出るとき，震えている」という１つの実験しかしていない子どもは，「大太鼓は音が出るとき，震えていたけれど，他の物は音が出るとき，震えているのだろうか？」というように，本時の実験結果を自分の身の回りの物に適用して考え始めるのです。最初は，教師の問いかけをきっかけとして，「だったらこれは」の思考を働かせ始める子どもたちですが，単元の終末になると，問いかけなくても子ども自らが「だったらこれは」の思考を働かせることができるようになります。
　以下では，単元の後半における具体的な授業，音と震えとの関係について，様々な物を調べた後，結論を導出する場面を基に説明します。

教　師　いろいろ調べたけれど，音が出るとき，物は震えているのかな？
子ども　今日調べた身の回りにあるいろいろな物も，前に調べた楽器も，音が出るとき，震えていたから，音が出るとき，物は震えている。
教　師　今日の実験結果だけでなく，今までの結果から考えているんだね！
振返り　音が出るとき，物は震えていることがわかった。だったら家にある物で今日調べていない物は，音が出るとき，震えているのかな？

　子どもの追究したいことにどこまで寄り添うかは，時数の問題もあり，難しいところです。しかし，できるだけ寄り添うことが，「だったらこれは」の思考につながります。また，上記のように家庭で追究したくなる子どもが出てきます。そのような姿を見逃すことなく称賛することも，「だったらこれは」の思考をする子どもをはぐくむうえでとても大切です。

②身の回りの物に目を向けさせるような問いかけをする

　このように一つの自然事象から身の回りの自然事象に目を向けていくことができるような単元構成や問いかけをし，子どもの追究に寄り添うことで，「だったらこれは」と思考することができるようになります。　　　　　（加藤　怜）

7 根拠のある予想や仮説を発想できるようにするスキル

使用場面：授業中　予想や仮説の設定　　話し合いの充実

POINT
❶共通の体験をする機会をつくる
❷学習履歴を活用する

　子どもたちが根拠のある予想や仮説を基にして，充実した話し合いができるようにするには，それができる状況をつくることが大切です。そこで，次の2つが大切になります。

①共通の体験をする機会をつくる

　予想や仮説の根拠となるのは，既習の内容や生活経験です。生活経験は，個別具体の状況なので友達に理解されない場合もあります。そうすると相互理解ができません。そこで，共通の体験ができるようにしていきます。そうすることで話し合いの土台をつくります。

食塩が水に溶ける様子の観察

　例えば，第5学年「物の溶け方」では，水に溶けていく食塩が見えなくなっていく様子をじっくり観察します。そうすると，「溶けて見えなくなった食塩はどこにいったのか」というような学習問題ができます。それについて予想をし，「液体のようになって水の中にあるのではないか」「見えなくなったからなくなったのではないか」「パスタをゆでるときに塩を入れるとパスタに味がつくから残っているはず」というような考えが出たとします。この場合，「シュリーレン現象」を観察して共通の体験をしているので「液体

という考えは，お互いに理解することができます。「水の中にない」という考えも，消えた様子を観察しているので理解できるでしょう。「パスタ」については，経験がない子どももいるはずです。しかし，水に食塩を溶かすという共通の体験があるうえでその意見を聞けば，その子どもが言っている状況をイメージすることができます。

共通の体験として，他には，第3学年「太陽と地面の様子」では「かげ鬼遊び」をしたり，第6学年「てこの規則性」では重い砂袋などを手で持った後にてこを使って持ち上げたりすることが考えられます。

共通の体験を通して予想や仮説を発想することが話し合いの充実につながります。予想や仮説の根拠が共通の体験なのか，多くの子どもがわかりそうな個別の体験なのか，学習問題と直接関わるのか，単元の後で関わってくるのか，それらを見極めながら板書で整理していくことも大切なスキルです。

②学習履歴を活用する

学習が進むと，前のことは忘れがちです。数人の子どもが覚えていても，忘れてしまった子どもにとっては共通の体験になっていません。そこで，学習履歴を模造紙や画用紙に書いて掲示しておきます。さらに，子どものノートも重要な学習履歴です。それらを見返すことで根拠のある予想や仮説をもつことができ，話し合いが充実します。

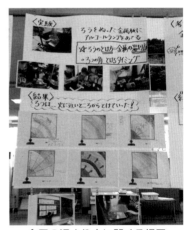

金属の温まり方に関する掲示

例えば，第4学年「金属，水，空気と温度」で，金属と空気の温まり方を学習した後に水の温まり方について予想を立てるとします。学習履歴を参考にすることで「金属のように温まる」か「空気のように温まる」のか根拠をもった予想を立てることができます。毎回の授業の履歴を残しておくことが大切です。

（境　　孝）

使用場面：授業中　予想や仮説の設定　　　　話し合いの充実

多様な考えを尊重しながら学ぶ場をつくるスキル

POINT
❶どの予想や仮説が確かめられたのか振り返る
❷友達の考えをノートにメモする

　子どもたちが，多様な考えを尊重し，話し合いを充実させていくためには，予想や仮説を話し合う有用性を理解することが大切です。「あの予想があったから学習が深まった」と，自分一人の意見だけではたどり着けなかったことに気が付けるようにしていきます。

①どの予想や仮説が確かめられたのか振り返る

　予想や仮説を話し合うときに，多様な考えを尊重できるようにするには，友達の意見に対して「自分もそう思うけど，この部分は少し考え方が違う」「自分はそう思わないけど，その可能性はある」と思えるようにすることが必要です。そのためには，自分の予想を基に実験した結果，友達の予想があったおかげで考察を深めることができたという経験ができるとよいでしょう。例えば，考察の話し合いをする中で，「どの予想が確かめられたの？」「どの予想はまだ確かめられていないの？」「予想のどの部分までは確かめられたの？」と板書や学習履歴の模造紙を指し示しながら子どもたちに問いかける必要があります。予想の話し合いが考察で生かされ，多くの意見を取り入れることで考えを深めることができたと実感できるようにします。

　例えば，第4学年「電流の働き」で乾電池2個を「並列つなぎにしたら電流が大きくなる」と「大きくならないけど長持ちする」という予想があっ

たとします。電流計で計測すると，電池を二個にしても電流の大きさは一個のときと変わりません。その結果を受けて，「大きくなる」と考えていた子どもたちは，「並列つなぎは電流が大きくならないんだ」と考えを変えていきます。でも，「長持ちする」かどうかについては，この実験ではまだ確かめられていません。そこに気が付いた子どもの考えを取り上げるか，教師が問いかけることで話し合いを進めて，その予想について次の時間に学習していくようにすれば理解が深まります。「大きくなる」と考えていた子どもたちにとっては，「大きくならない」という子どもたちがいることで学習を深めることができるのです。「大きくならない」と考えていた子どもたちは，「大きくなる」と考えている子どもたちにわかるように説明する必要があります。説明すると自分の考えの曖昧な部分がわかることがあります。曖昧な部分は，結果を基に理解を深めることができます。多様な予想があり，それを話し合うよさを振り返り，価値付けていくことで，予想や仮説を話し合う有用性を感じることができます。

②友達の考えをノートにメモする

多様な考えを尊重できるようにするためには，子どもたちが話し合いの中でよいと思ったことなどを，自分のノートにメモしていくことが大切です。そのメモが考察のときに役立つ経験を積むことで有用性を自覚することができます。

友達の考えのメモ

第6学年「水溶液の性質」では，塩酸に鉄を入れて，「蒸発させて出てきた物は鉄なのか」ということを考えます。そのとき，「鉄だと思う」と予想した子どもは，友達が描いた図をメモしていました。メモすることで，自分と同じ予想でも表現の仕方が違ったり，別の角度から捉えていたりすることに気が付くことができます。このような経験を積むことで，多様な考えを尊重することができるようになっていきます。

（境　　孝）

9 解決の方法を発想できるようにするスキル

使用場面：授業中　検証方法の立案　　話し合いの充実

POINT
❶表で整理，図で具体化する
❷結果の見通しをもつ

　子どもたちが問題を解決するための方法を発想するために，変化の要因として考えられるものが多い場合は，表を使って整理していくことが大切です。さらに，それを図にすることで具体的に何が必要なのか考えることも必要です。そして，その結果がどうなるか見通しをもてるようにしていきます。

①表で整理，図で具体化する

　解決の方法を考えるとき，変化の要因として考えられる物が複数ある場合があります。
　例えば，第5学年「植物の発芽，成長，結実」では，空気，水，温度，日光，土，などが考えられます。調べたい要因がどれなのか明確にするためには，それ以外

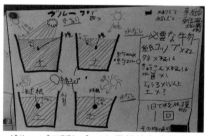
グループで話し合った具体的な実験方法

の条件はそろえなければいけません。そこで，表を活用します。例えば，発芽するために水が必要かどうか調べる場合，水ありと水なしを比べます。そのときに，水以外の条件はすべてそろえるために表を作成して〇×をつけていきます。しかし，子どもたちは，「変える条件は一つ」と言えても，意味を理解していないことがよくあります。だから，「何を調べたいから」「何と

何を比べるのか」をはっきりさせていきとよいでしょう。調べたいことがあり，何かと何かを比べるときに，他の要因が入り込まないようにするために「条件制御」をします。このことを理解することで，正確に解決の方法を発想することができます。

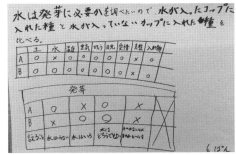

グループで話し合った実験方法と結果の見通し

しかし，この表だけでは実験ができません。何をどれくらい使うのかについても考える必要があります。それを図にします。個数や大きさも明記できるように声をかけます。場合によっては，必要な道具を見たり触ったりすることも大切です。そうすると，解決の方法を具体的に発想できるようになり，適切な実験方法にするための話し合いも充実していきます。

②結果の見通しをもつ

　自分の予想を確かめるためにこの実験をしたらこのような結果になるはず，と実験結果の見通しをもてるようにすることは，とても大切です。実験器具が準備できていても何のための実験なのかわかっていないと，理解が浅くなります。結果の見通しがもてない場合，実験計画が不十分だったり，予想がしっかりできていなかったりします。結果の見通しをもつことで，発想した実験が適切かどうか振り返ることもできます。結果の見通しは，「自分の予想は〇〇だから，実験したら△△という結果になるはず」「友達の予想は□□だから，実験したら◇◇になるはず」というように考えます。例えば，「発芽することに水が必要か」で「A→水なし」「B→水あり」とします。この場合，「私は，発芽には水が必要だと思うから，Aは発芽せずにBは発芽するはず」のように結果の見通しをもてるようにすることが大切です。見通しが適切にもてているか議論することで，話し合いを充実させることができます。

(境　孝)

10 より妥当な考えをつくれるようにするスキル

使用場面：授業中　考察

話し合いの充実

POINT
❶ 問題解決が繰り返される単元構成にする
❷ 結果からどこまで言えるのか分析する

　より妥当な考えをつくりだすには，そのような学習ができるような単元構成が必要です。「今日はここがわかった。でも，まだこの部分はわかっていない。だから，次はそれを調べる」というように学習がつながっていくことが大切です。その中で，今回の実験結果からどこまで言えるのか考えられるようにしていきます。

①問題解決が繰り返される単元構成にする

　第6学年「水溶液の性質」では，塩酸の中に鉄を入れて溶けていく様子を観察します。しばらくすると鉄が溶けて見えなくなります。ここで子どもたちは，「鉄が塩酸の中にあるはずだ」と「泡となって出ていったのではないか」という「今のところの考え」をもちます。その液体を蒸発させると固体が残ります。ここでも，この固体は「鉄である」か「鉄ではない」という「今のところの考え」をもちます。さらに，それを磁石に近付けたり，水や塩酸に溶かしたりすることで，「鉄ではない」ことがはっきりします。このように「今のところの考え」が更新されていくような単元をつくっていくと，考察の話し合いを充実させることができます。意見が分かれたり，様々な考えが表出されたりするからこそ，子どもたちは，一番よい説明を求めて話し合い，より妥当な考えを導きだそうとします。そのためには，問題解決が繰

り返される単元構成が必要です。

　また，「複数の情報を総合して考える」ことが，より妥当な考えをつくりだすことになります。しかし，情報が多くなると処理が煩雑になります。それを整理していくことが必要です。

　例えば，「炭酸水は，振っても時間が経っても炭酸水なのか」という学習問題を設定したとします。それを，「売っている物」と「自分たちで二酸化炭素を水に入れた

実験結果を整理するワークシート

物」で比べる場合，複数の実験結果が得られます。情報が多すぎてこのままでは考察できないので，どれとどれを比べると何が言えるのか整理していきます。さらに，その「言えること」をつなげていくことでより妥当な考えをつくっていくことができます。考察を書いたり，全体やグループで話し合ったりする前に，結果から何が言えるのか個人で考えていくことが大切です。

②結果からどこまで言えるのか分析する

　第5学年「物の溶け方」では，50mlの水に5gの食塩を溶かしたら55gになっていることから，食塩は水に溶けて見えなくなっても質量が保存されていることを捉えられるようにします。そのとき，食塩だけを扱って「『物は』溶けて見えなくなっても重さは変わらない」ということは言えません。食塩でしか実験していないのであれば，結果から言えることは，「『食塩は』溶けて見えなくなっても重さは変わらない」ということです。ミョウバンやホウ酸などを使って調べ，それらの結果を総合することで，初めて「物は」と一般化できます。「この結果からどこまで言えるのか」「今までの結果をまとめると何が言えるようになるのか」を明確にしながら授業をすることが大切です。それが，より妥当な考えをつくりだすことにつながります。

（境　　孝）

使用場面：授業中　観察，実験の実施

グループ活動の充実

主体的な観察，実験器具の準備を促すスキル

POINT
❶理科室を整備する
❷身の回りの物を探す

　子どもが予想を確かめるために観察，実験の方法を構想しても，教師が必要な器具をグループ分用意してしまっては主体的な学びにつながりません。自分たちが確かめたいことに必要な物は自分たちで用意できるようにしていきます。そのためには理科室にどのような物があるのか知っておく必要があり，身の回りの物で使えるものがないか考えることも大切です。それをグループで話し合ったり準備したりすることでグループ活動が充実していきます。

①理科室を整備する

　子どもたちが自分たちで観察，実験の器具を準備するためには，どのような器具があるのか知っておく必要があります。そのために，理科室のどこに何があるかわかるように整備しておきます。器具の名前がわかるように表示したり，学年ごとに棚を分けたりするとよいでしょう。理科室の地図のようなものがあると便利です。それを基にして，器具を準備していきます。

　例えば，学習問題に対して，グループで実験方法を構想したとします。それに対して一人一人が実験するために必要と考えた物を書き出します。書いたものをグループで共有し，一つにまとめます。そのとき，実際に理科室の物を見ながら検討していくと，具体的なイメージをもちながら話し合うことができます。「実験に必要な器具をそろえる」という目的をもって話し合い

用具を集めてくることでグループ活動が充実していきます。

　さらに，必要に応じた適切な大きさについても考えられるようにします。例えば，50mlの水に5gの食塩を溶かす場合，ビーカーの大きさを考える時間を設定します。50mL，100mL，500mL，1Lといったビーカーを用意して実際に試し，どれが適切かグループで話し合います。この場合，50mL以外ならどの大きさでも実験することはできます。しかし，1Lのように大きすぎると混ぜにくいこともあります。どのような器具があるのかを知り，それを何のために使うのか考えられるようにしていくことで，必要な物を準備することができるようになります。

②身の回りの物を探す

　観察，実験に必要な物がすべて理科室にあるとは限りません。自分たちが確かめたいと思っていることを実現するためには，身の回りの物の方がうまくいくこともあります。例えば，第6学年「燃焼の仕組み」の学習で，「閉じた空間でろうそくの火が消えた後の酸素と二酸化炭素の割合を調べたい」と考えたとします。この場合，必要な物を理科室で探したら，集気瓶が見つかります。ふたも付いています。しかし，集気瓶のふたをしながら気体検知管などで成分を調べようとしても，隙間がたくさん空いてしまいます。そのくらいの隙間は大丈夫と教師は知っていても，周りの空気が入ってしまうのではないかと思って実験している子どもがいる場合があります。そうなると，自分が確かめたいことの実験ではなくなります。そこで，子どもたちにどのような物が必要かグループで話し合う時間を取ります。子どもたちが発想し，よく使われるのが「ペットボトル」です。ペットボトルなら気体検知管などの管の大きさに合わせて穴を開けることができます。テープなどでそれを閉じておくこともできます。ただ，身の回りの物がすべて使えるわけではないし，そのような経験をしたことがない場合，待っていてもなかなか子どもたちからよい考えが出てきません。3年生から身の回りの物を上手に使って観察，実験する機会を確保することが大切です。

（境　孝）

使用場面：授業中　観察，実験の実施

グループ活動の充実

一人一人の意欲を引き出すスキル

POINT
- ❶グループ全員に責任ある役割分担をする
- ❷グループ活動の振り返りをする

　グループで観察，実験をすると，得意な子どもがどんどん進めてしまい，見ているだけの子どもがいるという状況があります。それではグループ活動が充実せず，一人一人の意欲が下がってしまいます。そこで，グループ全員が役割を果たせるようにします。さらに，それを振り返ることで意欲を高められるようにしていきます。

①グループ全員に責任ある役割分担をする

　グループで実験する場合，役割分担をして順番に交代していきます。例えば，第5学年「振り子の運動」では，「振り子を動かす係」「ストップウォッチ係」「記録係」が考えられます。4人グループならストップウォッチ係を2人にしてもよいでしょう。この役割を順番に変えていくことで，全員がすべての役割を経験できるようにします。このようにしていけば，グループの役割が一巡したときに複数のデータを得ることもできます。このときに，3～4つのデータに大きな散らばりがなければ客観性が高いデータと言えるでしょう。散らばりが大きい場合は，方法に問題があるかもしれません。実験結果の客観性を高めていく過程では，必ずグループのメンバーの関わり合いが生まれ，グループ活動が充実します。そこでは，一人一人の実験結果が大切にされるので，意欲が高まると同時に責任感も育っていきます。

他にも，第6学年「人の体のつくりと働き」で，呼気と吸気の酸素と二酸化炭素の割合を調べる実験をする場合，「袋に息を吐いて持つ係」「気体検知管係」「記録係」が考えられます。4人の場合，気体検知管の「酸素係」と「二酸化炭素係」に分けてもよいかもしれません。実験によってグループの人数を変えていくことも考えられます。

　グループでの実験を重ね，どのような役割があると正確に実験して記録を取ることができるか子どもたちが考えられるようにしていくことが大切です。

②グループ活動の振り返りをする

　一人一人の意欲を引き出すためには，責任ある役割分担をした実験後に，振り返りをすることが大切です。「一人でもいなかったら実験がうまくいかなかった」「〇〇さんがいたから結果をスムーズに出すことができた」という気持ちになるようにしていく必要があります。そのためには，教師の価値付けが欠かせません。たくさんのデータが集まり，散らばりが小さかった場合，「一人一人が自分の責任を果たせたこと」「友達と協力してできたこと」「客観性のあるデータを集められたこと」を褒めていきます。4人グループの場合，「1＋1＋1＋1＝4以上になる」ということを伝えていきます。それが振り返りの視点になります。

　振り返りをするためには，めあてを設定することも大切です。グループでの実験について振り返る場合，「自分の役割を果たし，協力して実験する」というようなめあてになります。それが達成できたかどうかグループで振り返ります。振り返りは，グループの友達と共有します。時間が確保できれば記述してから話し合った方がよいでしょう。実験の様子をビデオで撮影して，動画を見ながら振り返ることも考えられます。このような振り返る活動を通して，「一人ではできなかったことがグループではできる」「自分は，その一員になっている」という思いを共有することが，一人一人の意欲の高まりにつながります。そうすることでグループ活動が充実していきます。

（境　　孝）

13 より妥当な考えを つくれるようにするスキル

使用場面：授業中　考察　　　　　　　グループ活動の充実

POINT
❶ 複数の情報を整理する
❷ グループワークの仕方を教える

　より妥当な考えをつくりだすためには，複数の情報から判断する必要があります。そのためには，情報を整理することが大切です。整理された情報から結論を導くためには，話し合う必要があります。そのためには，どうやったら合意形成しやすくなるのか，その方法を知っておくことが大切です。

① 複数の情報を整理する

　複数の情報を整理して傾向を読み取りやすくする方法として，ドットプロットがあります。例えば，第5学年「電流がつくる磁力」で「コイルの巻き数を変えると電磁石の力は変わるのだろうか」という問題を解決するために実験をしたとします。巻き数を変えてマグチップやクリップがどのくらい運べるのか重さを量った場合，「○ g」という結果がたくさん得られます。それを表にしても傾向を読み取ることは難しいです。

　データが増えれば増えるほど難しくなります。そこで，グラフにします。右は各班で実験した結果をクラス全体でまとめたものです。そうすると「巻き数を増やすと運んだマグチップの重さが増える」という傾向が読み取りやすくなり，考察がスムーズになります。多くのデータを集めることで散らばりが小さくなり，より妥当な考えをつくりだ

実験結果のプロット

せるようになっていきます。このグラフをグループごとにつくっていくとグループ活動の充実につながります。

②グループワークの仕方を教える

　より妥当な考えをつくりだすためには合意形成していく必要があります。そのためには，合意形成できるような話し合いをしていかなければなりません。例えば，4人グループで話し合う場合，議論することなく誰か一人の意見に全員が同意してしまったら合意形成とは言えません。全員の意見が表明され，共通点と相違点を見いだし，結果と照らし合わせてよりよい説明を考える必要があります。

　例えば，グループで画用紙や小さいホワイトボードを活用することが考えられます。4人の考察を話し合いながらポイントをメモしていきます。4人の考えで共通していることや，意見が表出されたときに「その考えはわかりやすい！」となったことを真ん中

グループワークのメモの例

に書いていきます。必ずグループのメンバー全員が意見を言うようにします。そうすることでグループ活動が充実していきます。

　また，話し合いながらグループで図を描いていく方法もあります。第6学年「水溶液の性質」で，「水に二酸化炭素は溶けるのか」について調べたとします。何回振っても数日経っても青色リトマス紙が赤色になり，石灰水が白く濁ります。そこで，「二酸化炭素は

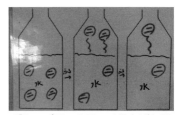

グループワークでつくりあげた図

水に溶ける」という考えについて，グループで話し合いながら図にしていきます。図を描くときには，「何回か振って少しずつ二酸化炭素が抜けていることがわかるように描こうよ」「今のところ残っているから最後まで二酸化炭素は描いておかないと」と話し合いが活発になります。

（境　　孝）

14 使用場面：授業中　問題の見いだし　　　　　　　発問，言葉かけ

問題発見を促すスキル

POINT
❶ 子どもが比べたくなる状況をつくる
❷ 差異点から共通点に目を向ける
❸「何を確かめたいの？」と問い返す

　新学習指導要領では，思考力，判断力，表現力等は，問題解決の力であると明記され，第3学年では，「問題を見いだす」力と表記されました。「問題を見いだす」力は，問題解決の過程の入り口にあたり，どの学年においても大切となる力となるでしょう。ここでは，子どもが理科の見方・考え方を働かせることを通して，問題を見いだすためには，どのような働きかけが必要かについて考えていきます。

①子どもが比べたくなる状況をつくる

　問題を見いだすためには，まず「あれ？」と感じる場面をつくること。子どもが疑問をもつには，何かと比較することが必要です。自分がこれまで見てきたことと比較したり，友達の観察事実と比較したりして，違いが見つかると「あれ？　おかしいな？」という疑問が出てきます。それにはまず，子どもが比べたくなる状況が必要になります。

　第3学年「身の回りの生物」での一場面。子どもがキャベツ畑から，モンシロチョウの卵を持ち帰ってくる途中，「あれ？　卵の色が違うように見えるけど」という言葉が聞こえてきました。大きさや形は同じでも，色が違うと言うのです。全員で比べてみると，黄色っぽいものや白っぽいもの，オ

レンジ色のものもあることがわかりました。明らかに色が違っています。

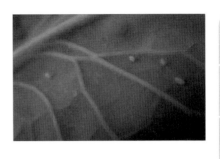

　子どもは，自然の中から様々な発見をします。その中でも，比較が容易でわかりやすいものを子どもの発言の中から取り上げ，全体に広げることが大切でしょう。

②差異点から共通点に目を向ける

　比較することで違いが明らかになったところで，では，同じところは何かということを子どもへ問うてみましょう。すると，それぞれの観察事実の中から共通点が見つかります。共通点に目を向けることで，これまで子どもの間で話題になっていた違いはより際立ち，視点が明確になります。

　「卵の色が違う！」子どもたちは違いに目が向き，声を出します。問題を見いだそうとしているのです。違いを焦点化するためにも，教師は，「他は同じなのにね」というように，同じところを確認できるようにします。ここでは，卵の表面の模様や大きさはほとんど変わらないことを共通理解できるように心がけましょう。

③「何を確かめたいの？」と問い返す

　違いに目が向いた子どもは，その違いが生じる予想を話し出すでしょう。そこで，教師は「何を確かめたいんだっけ？」と問い返してみましょう。そうすると，今学級で調べようとしている問題が出てきます。

　上に挙げた実践でも卵の色の違いが何によるものかを考え始めていました。日当たり，個性，オスとメスなど。そこで「何を確かめたいのか？」と問い返すと，「卵の色に違いがあるのはなんでか？」という言葉が出てきました。

　　予想が出ても焦ることなく問い返してみるとよいでしょう。　　（辻　　健）

15 比較を促すスキル

使用場面：授業中　問題の見いだし　　　発問，言葉かけ

POINT
❶比べたい対象をすべて明らかにする
❷比べる対象と視点を明確にする

　比較することは，理科のいろいろな場面で用いられる思考です。特に，問題を見いだす場面では，差異点から自分たちの疑問となることを表出させ，問題につなげていくことが大切です。そのような場面では，どのようなことに留意しながら指導していけばよいかについて，発問や言葉かけという視点から明らかにしていきましょう。

①比べたい対象をすべて明らかにする

　比較ということは，複数のものの「同じところ」や「ちがうところ」を探すことです。問題を見いだす場面では，比較することで見つけた「同じところ」や「ちがうところ」から，これから学習していく内容について問題意識を高めていきます。例えば，第3学年「磁石の性質」の学習では，磁石を持って身の回りの物に磁石を近付け，身の回りの物の性質について比べていきます。次に，磁石に付く身の回りの物を比べ，それらが鉄でできているのではないかという見当を付けていきます。また，逆に磁石に付かない身の回りの物は，鉄ではない物でできているという見当を付けていきます。そのような活動から，次に調べていくこととして，「磁石に付く物は何でできている物なのか」といった問題を明らかにしていきます。

　このように，比較することには，「同じところさがし」と「ちがうところ

さがし」の２つが含まれていますが，比較を促すためには，比べたい対象をすべて明らかにすることが大切です。

例えば，先ほどの磁石の例では，磁石に付く物を探す場面で，「どのような物が磁石に付くかな？」と問うてしまうと，子どもたちは，磁石に付く物しか探しません。これでは，磁石に付く物と付かない物との比較が難しくなってしまいます。そのような問いかけではなく，「磁石に付く物と付かない物を探してみよう」と声をかけましょう。そうすることで，子どもたちは，磁石に付く物と付かない物の両方を探すようになります。このように問いかけをすることで，比較したい対象を両方とも明らかにすることができ，片方しか出ない場合よりも，比較を促すことができます。

②比べる対象と視点を明確にする

教師が子どもたちに比較をさせたいときには，何と何を比べているのか，そして，比べる視点は何なのかを明確にすることが大切です。先ほどの磁石の学習の例で考えてみましょう。子どもが「机の金属のところは磁石に付いて，木のところは付かなかった」と言った場合，これを子どもの単なる気付きに終わらせるのではなく，教師が「今，○○くんは，何と何を比べていたかわかる？」と問い，比較の対象を明らかにさせようとしてみたり，「机の金属のところと木のところの何を比べていたの？」と問うて，比較の視点を明確にしたりすることが大切です。このような問いかけを通して，クラス全体に，今比べている対象と視点が共有されます。そして，比べている対象と視点を共有することで，クラス全体で比較が促されます。

なお，子どもたちが比較をする際には，比較の対象は，２つが望ましいです。３つとなると思考が複雑になり，比較して気付いたことを共有することが難しくなります。もしも，３つ比較しなければならないときには，３つの中から２つを取り出し，「○○と△△の同じところ（ちがうところ）はどこ？」といった問いかけをするとよいでしょう。

（志田　正訓）

16 根拠のある予想を促すスキル

使用場面：授業中　予想や仮説の設定　　　発問，言葉かけ

POINT
❶予想に説得力をもたせるようにする
❷子どもの根拠をより説得力のあるものに高める

　子どもたちが予想をする場面では，根拠をもたせることが大切です。しかし，ただ「どうして？」と問うだけでなく，予想に根拠をもたせることの意味を考えてみましょう。すると，予想に根拠があることで，その予想に説得力が生まれるということが見えてきます。説得力ということをキーワードに，教師の発問や言葉かけについて考えてみましょう。

①予想に説得力をもたせるようにする

　子どもたちは理科の問題に対して，いろいろな予想をします。そして，予想に対する根拠をつけることで，教師や他の子どもたちに「こんなふうに考えたよ！」というプロセスを伝え，納得してもらうことができます。つまり，根拠のある予想は，周りの人を説得することができるのです。
　ですから，教師は，子どもが本当に根拠のある予想をしたときには，「なるほどね！」「そうやって考えたんだね。納得しました！」といった，説得力のある意見を素直に認める言葉かけをすることや，「○○くんがどうして～と考えたかわかる？」といった，根拠の部分を他の子どもたちに問い，クラスの中で共通理解をしていくことが大切です。このような言葉かけをすることで，子どもが相手を説得できたのだと感じることができ，予想に根拠をもたせることの大切さを感じることができるようになっていきます。

子どもたちが相手を説得したくなるような場面を，教師が言葉かけなどを通して意図的につくることが大切です。そこで，相反する予想があるときに，教師が言葉かけなどを通して対立構造を明確にすることが考えられます。

　例えば，第3学年「磁石の性質」の学習で，鉄以外の金属が磁石に付くかどうかを考える場面では，多くの場合，磁石に付くと考える子どもと磁石に付かないと考える子どもとで意見が分かれます。そのようなときに，教師が「○○さんは磁石に付かないと考えたんだけど，それはどうして？」と聞いたり，「今の○○さんの意見に対して，磁石に付くと考えた人は賛成ですか？　反対ですか？」と聞いたりすることで，相手を説得しようとする場面をつくりだすことができます。

②子どもの根拠をより説得力のあるものに高める

　子どもたちの予想の根拠は，時にとてもわかりづらい場合があります。その原因の一つは，予想したことと根拠との間に論理の飛躍があるためです。そのような予想と根拠に対しては，教師が「今の予想とその根拠について，自分の言葉で説明できる人？」や，「先生，ちょっとよくわからないから，もう少し詳しく教えてくれる？」と問うことで，子どもたちはもっと考えて，より説得力のある根拠をもたせて説明しようとします。

　また，どのようなことを根拠にしているのか，ということを考えながら子どもの発言を聞いてみると，学校以外での生活で経験したことや，これまで学習してきたことを根拠にしています。そのような子どもの発言に対して，「○○さんは，普段の生活で経験したことを根拠にしているんだね」や「○○くんは，この前学習したことを根拠にしているんだね」と認めてあげる言葉かけをすることで，どのようなことを根拠にすればよいのかということが，意見を言った子どもだけでなく，その意見を聞いていた他の子どもたちにも伝わり，予想がより説得力のあるものに高まっていきます。

（志田　正訓）

17 関係付けを促すスキル

使用場面：授業中　予想や仮説の設定　　　発問，言葉かけ

POINT
❶ 子どもが比較しやすい事象の提示をする
❷ 違いを明らかにできるようにする
❸ 違いは何によるものかを予想するよう促す

　観察，実験で確かめようとするのは，子どもの予想や仮説です。その予想や仮説を立てるときに大切になるのが「関係付け」です。子どもが予想や仮説を立てるときに，関係付けを行うためには，どのようなことを行う必要があるのかについて実際の授業を基に考えていきます。

①子どもが比較しやすい事象の提示をする

　晴れの日と曇りの日の写真（晴れ，曇りを示さず日付を示す）を拡大し，黒板に貼るなどの方法が考えられます。

　服装の違いや日差しの違いが明らかになるでしょう。写真はあくまでもイメージですので，「晴れている日は汗をかくよなぁ」といった写真から直接読み取れないような情報でも，子どもの考えに耳を傾けることも大切です。

　掲示した写真をきっかけに日常生活で感じている天気による気温の違いが子どもから出てくることが考えられます。

②違いを明らかにできるようにする

　子どもたちの意見を聞きながら板書を行う際に、「暑い」「寒い」「汗をかく」「長袖」「半袖」というように、気温に結び付くような言葉を意図的に集めるような板書の構成を考えましょう。写真を撮った日付が近いことや時刻もほとんど同じ（休み時間なので）であることは、伝えておくとよいでしょう。同じところをしっかりと伝えることは、違いを際立たせることにつながるからです。

③違いが何によるものかを予想するよう促す

> ○月△日　暑そう・半袖の人が多い・きっと汗をかいている
> ○月×日　涼しそう・長袖の人が多い・汗をかいている人は少なそう

　この２日間の様子を板書で整理しながら、温かさや暑さの違いが明確になってきます。それとともに、要望があった場合は、それぞれの時刻の気温を示してもよいでしょう。

　「気温（温かさ）」に違いや変化が出るということは、何かが違っているからに違いないと考えられるような状況をつくることが、関係付けを促します。「この違いは、何が引き起こしているのか」をじっくり予想できるようにしましょう。日差し、太陽、天気、風、日なたと日陰での既習事項など、子どもたちの様々な関係付けを称賛し、関係付けが根拠のある予想や仮説につながっていることを伝えていきましょう。

　「○○と△△は関係がありそうだ。なぜなら…」というように子どもが、根拠や理由を表現しながら予想や仮説を立てていくのが「関係付け」。実際にその関係が成立するかどうかは、観察、実験の結果が出てからです。しかし、子どもが関係付けるからこそ、主体的な観察、実験が行えるのです。

（辻　　健）

18 より妥当な解決の方法を発想できるようにするスキル

使用場面：授業中　検証方法の立案

発問，言葉かけ

POINT
❶妥当であるか検討するために，見通しをもつようにする
❷観察，実験の方法を比較するようにする

　子どもたちが妥当な解決の方法を考える場面では，どんなところを観察するのか，または，検証するためにどのような実験をするのかということだけを考えさせてしまいがちです。しかし，大切なことは，どんなことが明らかになれば，妥当な実験であると言えるのかを考えていくことです。そのためには，自分たちが考えた観察，実験の先のことを考える見通しをもつことが大切です。

①妥当であるか検討するために，見通しをもつようにする

　子どもたちは観察，実験といった自然事象と直接触れられる活動が大好きです。しかし，大好きだからこそ，検証方法を考える際には，観察，実験でどのようなことをするのかといったことのみを考えがちです。そのような子どもの実態がある中で，より妥当な実験方法を考えるためには，それらの観察，実験から，どのような結果が得られるか，その結果が得られれば，自分たちの問題を解決することができるのかといった見通しをもつことが必要です。そのためには，観察，実験の方法を考えさせたときに，「あなたの予想通りなら，この実験でどのような結果が得られそうですか？」といった結果の予想を子どもたちに問うたり，結果の予想を問うた後に，「その結果が，問題を解決することに役に立ちそうですか？」と問うたりすることが大切で

す。このような子どもたちへの問いかけを通して，問題を解決するための妥当な実験方法について考えていくことができます。

②観察，実験の方法を比較するようにする

子どもがより妥当な観察，実験の方法を考えることができるようになるためには，様々な方法を比較して，それらの中からより適切だと考える方法を選ぶことが考えられます。

例えば，第5学年「植物の発芽，成長，結実」で，発芽に必要なものを明らかにするための実験において，水は与え室温で空気中に置く種子や，水は与えるが冷たく暗い空気中に置く種子などの様々な条件が施された種子を準備して「どの種子の発芽の様子を比べれば，自分たちの知りたいことが明らかになりますか？」と問うことが考えられます。このとき子どもたちは，自分たちの知りたいことと，予想と，観察，実験の方法を関連させて考え，条件が制御された実験について考えることができます。その際には，どうしてその種子を選んだのかという理由を問うことで，条件制御に注目した子どもたちの考えを引き出すことができます。

なお，この条件制御に注目した子どもたちの考えを聞くときに，教師が留意しなければならないことが3つあります。1つ目は，一つの条件だけを変えるということに注目できているかということです。2つ目は，残りの条件はすべてそろえるということに注目できているかということです。そして，3つ目は，結果を出したときに違いが出たとしたら，それは変えた一つの条件が原因である，という結果についての見通しがもてているかという点です。条件制御の実験で例示してきましたが，他にも第3学年「風とゴムの力の働き」で，ゴムのもとに戻ろうとする力と物の動きの関係について調べていく際に，ゴムの伸びを変えて動く車などの進んだ距離を測る（定量的）のか，初速の速さを調べる（定性的）のかということを比較させることを通して，定量・定性といった視点から妥当な実験方法を検討することが考えられます。

（志田　正訓）

19 条件制御に目を向けることを促すスキル

使用場面：授業中　検証方法の立案　　　発問，言葉かけ

POINT
1. 変化したことがつかめるようにする
2. 一つずつ調べることの重要さを伝える
3. 調べたいことを際立たせるためにどうするか考える

　自分たちの立てた予想や仮説を確かめるために，実験を行うとき，より確かな結果を導きだすために必要になるのが条件制御の考え方です。条件制御には，2つの段階が考えられます。

①複数の要因のうちのどれが関係するのか絞り込むための条件制御
例：発芽に必要なものは，空気か水か適当な温度か肥料か日光か，発芽に影響を与えるものは何かを調べるために一つずつ調べる。

②その要因がどのように関係するのか（しないのか）を調べる条件制御
例：振り子の長さが，振り子が一往復する時間に影響を与えるのかどうかを調べるために，振れ幅やおもりの重さは変えずに実験をする。

①変化したことがつかめるようにする

　第5学年「振り子の運動」の導入では，ゆっくりした音楽やテンポのよい音楽を流し，粘土玉とたこ糸でつくった簡易メトロノームで音に合わせて動かすという活動を行います。ここで大切なのは，粘土の重さ，振り子の長さ，振れ幅，どれも変えられる状況の中で，

様々な調整をしたことで、振り子の一往復の時間を変えたという経験です。いくつかが同時に影響を与えたことで、変化が生じたという状況をつくりましょう。

②一つずつ調べることの重要さを伝える

振り子が一往復する時間に影響を与えたのは何か。何かが影響を与えたのは間違いないが、それが複数なのかどうかもわからない。そんなとき、どうすれば影響を与えたものを特定できるかを考える時間を確保します。

前頁で示した①のように複数の要因から関係があるものを絞り込むという段階では、振り子の長さを何cmにするとか、振れ幅を○○度にするという数値を話題にするのではなく、要因となりそうなものを一つずつ調べるとよいことをクラスで共通理解できるようにします。

③調べたいことを際立たせるためにどうするか考える

おもりの重さ、振れ幅、振り子の長さのうち、今日は「振り子の長さが一往復する時間に影響するかどうかを調べる」というように調べることが明確になった段階（前頁の②）では、具体的な数値を挙げながら実験計画を立てると条件制御に目が向いているかどうかがわかります。

調べたいことは何かについて焦点化できるようにすることが条件制御に目を向けるための最大の支援ではありますが、それでも目が向かない場合は、以下のことを試しましょう。

【条件がそろえられない場合】

おもりの重さはそろえられているが、振り子の長さと振れ幅が変わっている実験器具を目の前に提示し、結果を見通すことで結果が出ても要因を特定できないという事例を示し、条件制御に目を向ける必然性を考えるようにします。

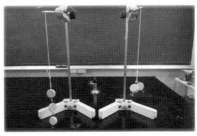

（辻　　　健）

使用場面：授業中　観察，実験の実施　　　発問，言葉かけ

安全な観察，実験をよびかけるスキル

POINT
❶ 考えさせるよりも，知識を与える
❷ 安全に気を付けることを「約束」とする

理科の観察，実験では，危険な生き物がいるかもしれない草むらにいったり，様々な薬品や火，そして，お湯などのけがにつながるものを扱ったりします。教師は，自分が授業をする学級の子ども全員が，安全に観察，実験に取り組むことができるよう配慮しなければなりません。しかし，こればかりに時間をかけてしまうと，肝心の観察，実験をはじめとしたいろいろな理科の活動が疎かになってしまいます。バランスを考えながら，子どもたちへの適切な言葉かけを行っていきましょう。

①考えさせるよりも，知識を与える

子どもたちが安全に気を付けながら観察，実験をするためには，安全に関する知識をもっていなければいけません。例えば，ガスバーナーやガスコンロを使うときに，栓が開いてガスが出たままになっていてはとても危険です。ガスは見えませんが，そのような状態になるということを知っていれば，栓を開いたままにはしないでしょう。

このような安全な観察，実験に関わる知識は，教師が子どもたちへの問いかけを通して子どもたちに考えさせるというよりは，教師から正しい使い方を知識として教えましょう。先ほどのガスバーナーやガスコンロの例で言えば，「火が消えて，ガスの栓が開きっぱなしになっていると，どのようなこ

とが起きるでしょうか？」ではなく，「火が消えてガスの栓が開きっぱなしになっていると，少しの火で爆発したり，ガスを吸って気分が悪くなったりして危険です」と伝えましょう。

　このように教えるのには，２つの理由があります。

　１つ目は，時間の問題です。理科の授業時間は限られています。その限られた時間の中で子どもたちが問題解決の力をはぐくんでいくためには，予想の場面や考察の場面をはじめとしたいろいろな場面で考えるための十分な時間を取ってあげることが必要です。安全に留意することを考えることは確かに重要ですが，そのことだけで時間が過ぎてしまうと，他の大切な活動が疎かになってしまいます。

　２つ目は，仮に考える場面をとったとしても，子どもが考えるのが難しいことがあるということが挙げられます。例えば，第３学年の初めごろには，虫眼鏡を使う活動が多く設定されていますが，虫眼鏡で太陽を見てはいけないのは，太陽のまぶしさや熱で目を傷めるためです。しかし，太陽の光を明るさと熱という視点で捉えるのは，理科が始まったばかりの子どもたちには難しいです。ですから，安全に留意させる際には，教師が子どもたちに知識を与え，学級の全員が観察，実験を滞りなく行えるようにしましょう。

　なお，必要に応じて，教科書の記述を参照したり，板書に情報を残したりしておくことはとても効果的です。

②安全に気を付けることを「約束」とする

　以上のような理由から，安全な観察，実験に関する知識を教えることが必要です。そして，教える際には，子どもたちとの「約束」という形で伝えるとよいでしょう。つまり，「これら（観察，実験の際に注意すること）を守ることは，先生と皆さんとの約束です」と声をかけ，万が一，その約束を守ることができない子どもがいた場合には，事故やけがにつながることを十分理解させ，厳しく指導していくことが求められます。

（志田　正訓）

21 複数の事実を見つけるための取組を促すスキル

使用場面：授業中　観察，実験の実施

発問，言葉かけ

POINT
❶事前に，事実を見つけるための取組を促す
❷見つけた事実を大切なデータとして生かす

　観察，実験は子どもたちにとって，とても興味深い活動です。しかし，観察，実験中は，事象の面白さに夢中になるだけではいけません。観察，実験を通して，事実を見つけ，問題解決につなげることができる指導について考えてみましょう。

①事前に，事実を見つけるための取組を促す

　観察，実験から，事実を見つけるための教師の働きかけは，観察，実験の前からすでに始まっています。大切なのは，予想をする場面で，観察，実験の視点になる言葉を子どもたちから引き出せるかどうかです。

　例えば，第3学年「身の回りの生物」では，植物のいろいろな部位が大きくなったり，数が増えたりする様子を観察することを複数の種類の植物の比較を通して明らかにしていきます。その際には，植物がどのように育っているかについて，子どもたちが予想をするでしょう。そのときに，子どもたちが植物の「成長」について，どれだけ具体を言えるかということが，そのまま観察の視点になっていきます。

　つまり，「成長」の具体として，「葉の数」だけに注目すれば，観察の視点は，「葉の数」のみになってしまうおそれがあります。そうではなく，「葉の数」に注目した子どもがいたら，「葉について，数以外に注目した人はいま

すか？」と問うてあげることで，葉の大きさなどの他の観察の視点に目を向けることもできるでしょう。また，葉だけに注目している場合であれば，「育つのは葉だけかな？」と問うことで，葉以外の茎や根にも注目することができるでしょう。そして，予想で出てきたそれらの成長の具体がそのまま観察の視点となり，多くの事実を発見することにつながります。

このように，複数の事実を見つけだすためには，予想場面での子どもたちの豊かな発想を引き出す発問や言葉かけが求められます。

②見つけた事実を大切なデータとして生かす

子どもたちが見つけた事実は，結果として記録され，子どもたちが結論を導出するための大切なデータになります。しかし，データから結論を導きだしても，その結論に納得がいかない子どもがいる場合もあります。そのようなときは，複数の事実を見つけるチャンスと思いましょう。

例えば，第5学年「振り子の運動」の学習の，振り子のおもりの重さを変えても振り子の周期が変わらないことを学習する場面で，一班ないし二班だけ，結果が「周期が変わっている」ものだとしても，全体の結果から周期は変わらないという結論を出した際，もやもやする子どもや納得がいかない子どもがいるはずです。そのような子どもの気持ちを「今，もやもやしている？」や「納得がいっていないの？」と問うてあげて，クラス全体に「○○くんたちは，どうしたらすっきりとするかな？」と問うてあげることで，もう一度実験をし，複数の事実を見つけださせるチャンスが巡ってきます。このような場面での子どもたちへの問いかけを通して，複数の事実を見つけだす必然性を子どもたちにもたせ，追究をより深めていきましょう。

ただし，このような場面で再び実験をする場合には，もやもやしていたり，納得がいっていなかったりする子どもたちのために実験をするわけですから，実験結果がそのような子どもたちが納得いくようなものにするために，データとなる事実の質が求められることに留意しましょう。

（志田　正訓）

22

使用場面：授業中　考察

発問，言葉かけ

より妥当な考えを つくれるようにするスキル

POINT

❶「本当にこれでよいのか？」と考える習慣を付ける

　新学習指導要領解説の思考力，判断力，表現力等に書かれた主な記載として，第6学年では「（多面的に調べる活動を通して）自然の事物・現象について追究する中で，より妥当な考えをつくりだし，表現すること」とあります。では，このより妥当な考えとは何を指すのでしょうか。「妥当」には「ぴったりと当てはまる，無理がない，適切である」という意味があります。子どもたちが実験を終え，予想と結果を比べて言えることを考えるとき，実験結果でわかること以上のことを表現しようとしたり，結果が示しているにもかかわらず表現できていなかったりすることのないよう考察を通して，実験の経過や結果にぴったりの結論を導きだすということでしょう。

①「本当にこれでよいのか？」と考える習慣を付ける

　問題解決の過程で，より妥当な考えをつくるチャンスは，どこにでもあります。そのチャンスを生かすためには，「これでよいのか？」と常に自分たちの問題解決の過程を振り返ることが重要です。その振り返って考えることを批判的思考（クリティカルシンキング）と言ったりもします。ここでは，実験後，つまり考察の場面に絞って述べることにしますが，決して「これでよいのか？」と振り返るチャンスは考察だけではありません。

　観察，実験の結果から結論を導きだす前に，この結論は実験結果のどの部分を基にしているのか，そこから考えたことに論理の飛躍はないかについて

吟味する必要があります。すべての班の結果はどうか，他の実験でも同様のことが言えるのか，様々な視点から多面的に追究することが，妥当な考えをつくることにつながります。また，結論を出すことが問題解決の終わりではなく，常に結論は更新される可能性をもっていて，批判的思考を行いながら妥当な考えがつくり続けられていくという意識が必要です。

　第6学年「燃焼の仕組み」での事例を紹介します。

　ろうそくを燃やした後の空気で，石灰水が白く濁りました。このことから，二酸化炭素が増えたことはわかりますが，酸素が二酸化炭素に変化したことまではわかりません。この結果からは，酸素の増減までは言えないのです。酸素が減った分だけ二酸化炭素が増えたことを示すには，デジタル気体測定器などで酸素の割合の変化を調べねばならず，二酸化炭素の割合の変化との比較も行わねばなりません。その結果を導きだしてはじめて，酸素が減った分，二酸化炭素が増えたのかどうかを考えることができます。

　第6学年「人の体のつくりと働き」での事例を紹介します。

　唾液がでんぷんを変化させるのかどうかを調べる実験。ヨウ素液を使って調べたところ，唾液を混ぜた試験管は青紫色になりませんでした。

児童A　やっぱり唾液は，でんぷんを甘いものに変えたんだ！

児童B　でんぷんは唾液によってでんぷんではなくなったけど，甘いものに変わったということは，この実験からはわからないよ。

児童A　そうか，でんぷんが唾液によって変わるという予想は確かめられたけど，甘いものになるという予想はこの実験ではわからないね。

　「この実験で，どこまでわかる？」というように，予想のどの部分をこの実験が確かめたのか，また，どの部分は確かめられなかったのかを考察する習慣を付けましょう。

（辻　健）

23 多面的に考えることを促すスキル

使用場面：授業中　考察

発問，言葉かけ

POINT
❶事例を示し，「多面的」の意味をつかめるようにする
❷複数で事象にアプローチできるように保障する

　一つの方向から見ているときには見えなかったものが，いろいろな方向から見ると，見えてくるということがあります。
　例えば，薄めた塩酸は，リトマス紙を使って調べれば，酸性の水溶液だということがわかります。また，アルミホイルを入れるとアルミホイルは反応して見えなくなりますので，金属と反応する水溶液ということもわかります。さらに，蒸発させると蒸発皿に何も残らないことから固体が溶けているのではなく，気体が溶けている水溶液であると考えられます。
　このように，様々な方法で塩酸を調べることで，塩酸がどのような水溶液かを深く知ることができます。それだけでなく，他の方法を使えば，これまで以上にもっと塩酸のことを知ることができるかもしれないと子どもたちは考えるようにもなるでしょう。これが「多面的に考える」ことのよさです。

①事例を示し，「多面的」の意味をつかめるようにする

　子どもたちがより具体的に「多面的」の意味をつかめるように，これまでの学習を振り返りながら事例を示すとよいでしょう。例えば，次のような事例が考えられます。
　まずは，子どもたちに質問します。
　「『銅』についてどのようなことを知っていますか？」

①電気を通す（3年生の電気の通り道で学習しました）
②磁石に引き付かない（3年生の磁石の性質で学習しました）
③同体積のときアルミより重い（3年生の物と重さで学習しました）

　このように，「銅」という金属についていろいろな面から調べてみると，明らかになることは，たくさんあります。このようにするとより深く「銅」について知ることができます。これが「多面的」という意味です。

　上記のような説明により，子どもは「多面的」の意味をつかむことができるでしょう。上の①〜③以外にも，温めると体積が大きくなることや熱源から順に伝わるように温まる（伝導）という言葉が出てくる可能性もあります。

　「多面的」という意味をつかむことができると，予想の場面から変化は起き始めます。「Aのように考えると，○○かもしれないよ」「Bから考えたら，△△でもおかしくないよね」このように予想の段階から多面的な考えを行うことは，考察でのスムーズな思考につながるでしょう。

②複数で事象にアプローチできるように保障する

　雨は酸性なのかを調べる場面。水道水と炭酸水との比較を行っていると，リトマス紙などで液性を調べるだけでなく，顕微鏡を使ってろ過したそれぞれの液体を観察したいという要求が子どもたちから出されました。

　このように，教師があらかじめ想定していない方法でも，何を明らかにしたいのかを問い返しつつ観察，実験の場を保障することが必要です。もちろん，明らかな結果が出ないこともあります。しかし，うまくいくものや結果のわかりやすいものばかりを提示することは，子どもたちに自分で事象にアプローチする機会を奪うことにもなりかねません。時には，結果がうまくいかない，実現するのが難しいようなアプローチをしたという事実を子ども自身が受け入れることも必要ではないでしょうか。

（辻　　健）

24

使用場面：授業中　結論の導出　　　　　　　　発問，言葉かけ

結論を導出できるようにするスキル

> **POINT**
> ❶「結論は問題に対する答え」ということを押さえる
> ❷観察，実験が複数ある場合，各結果の吟味から始める

　結論を導出する場面は，理科の問題解決の最後に位置するまとめの場面です。これまで予想してきたことや，それに基づく観察，実験で得られたことから明らかにできることは何なのかを考えさせるために，どのような発問や言葉かけができるのかを考えていきましょう。

① 「結論は問題に対する答え」ということを押さえる

　子どもたちが観察，実験で得られた結果からまとめていく最後の段階が，結論の場面になります。結論を導出させるときには，結論とは自分たちの問題に対する答えに相当する部分であるということを，まずは基本として教師が押さえておきましょう。しかし，結論を導出する際には，結果から直接，結論に結び付きやすい場合と，観察，実験の結果から，もう一段階考えたうえで結論を出す場合とがあります。

　前者の場合は，例えば，第3学年「電気の通り道」の学習では，どのようなつなぎ方をしたときに，豆電球の明かりがつくかを実験し，結果として，いろいろなつなぎ方と，そのつなぎ方で明かりがついた・つかなかったということが明らかになります。このような場合には，「この結果から，問題について，どのようなことがわかったと言えますか？」と問うことで，子どもたちは自分たちが予想したことや問題に立ち返り，得られた結果を比較して

規則性を見いだし，明かりがつくつなぎ方，つまりは電気が通るつなぎ方（回路）について明らかにすることができます。

後者の場合は，第5学年「振り子の運動」の例が挙げられます。振り子の長さを変えて実験をし，結果を記録しただけでは，数字が並んでいるだけにすぎません。ここから結論に至るまでには，その数字を操作していく必要があります。振り子の学習の場合は，結果で得られた数値の平均を求めたり，表にプロットしたりするといった操作が考えられますが，これらの活動につなげていくためにも，例えば，「これらのたくさんの数字を見やすくすることはできないかな？」とか，「振り子の周期は変わっていそうだけど一目でわかるようにできないかな？」といった問いかけを通して，子どもたちが結論を導出するために導いてあげる必要があります。

❷観察，実験が複数ある場合，各結果の吟味から始める

学習内容によっては，複数の観察，実験から結論を導出する場面も存在します。

例えば，第6学年「水溶液の性質」では，水溶液に溶けた金属がもとの金属とは違うということを複数の実験とその結果から明らかにしていきます。その際には，複数の実験が終わった後に，「問題について，どのようなことがわかったと言えますか？」と一足飛びに問うのではなく，1つ1つの実験の結果に着目させ，「この実験の結果からは，問題についてどのようなことが言えますか？」と，それぞれの実験について問うことが大切です。もちろん，その結果が操作を必要とするものであれば，先ほどのように，1つ1つの実験結果について，その操作を加えておきましょう。

そのうえで，最後に，「では，これらの実験の結果から，問題について，どのようなことが明らかになりますか？」と問えば，1つ1つの実験で得られたことを総合的に考え，子どもたちは複数の観察，実験から結論を導出することができます。

（志田　正訓）

25 結論を基に，新たな問題を見いだすことを促すスキル

使用場面：授業中　結論の導出　　　発問，言葉かけ

POINT
❶ なんでも言える雰囲気をつくる
❷ 「でもさぁ」を言う習慣をつくる
❸ 連続した問題解決になる単元構成にする

　問題を見いだすのは，決して単元導入だけだとは限りません。一つの問題の結論が導出されるのと同時に，問題が見いだされることも多くあります。「先生，でも○○だったら？」「この場合はまだわからないよね」などの発言がそうです。結論は出たけれど，その結論は更新される可能性をもっている。だから，もう少し調べてみたい。理科では，結論を大事にすればするほど，そう考える子どもが増えてくるはずです。

①なんでも言える雰囲気をつくる

　実験を終え，整理された結果から結論が導出される場面。そんな中で「でも…」と発言するのは勇気がいるものです。学級で行ってきた問題解決が，一つの結論に行き着こうとするときに，結論に不足している部分を指摘したり，違った状況下での実験や観察を求めたりするのですから。このような場面で，遠慮なく物が言える雰囲気づくりが大切です。

　教師がどんな意見もまずは受容する態度，これこそが最大のポイントです。せっかく解決しかかっているのに…などと考えると表情に出てしまいます。すかさず，「そうかあ…どうしてそう思うの？」と聞き入れようとする姿勢を見せるようにしましょう。

②「でもさあ」を言う習慣をつくる

　前に挙げたポイントと重なる部分もありますが，これは批判的思考（クリティカルシンキング）にあたります。結論をそのまま鵜呑みにせずに，一度考えてみるという習慣をつくるようにしましょう。「これでいいの？」という言葉で，結論を板書する前後に問い返すようにしましょう。

　そうすることで，この部分はいいんだけど，疑問が残るんだよね…という言葉が出てくるはずです。もし，そこで何も出てこなければ，より強い承認を得たことにもなりますね。

　第4学年「金属，水，空気と温度」で，温度による水の体積変化について実験を行った後，このような発言が出ました。「水を温めたら体積が大きくなるというのはわかった。でもさあ，水が増えたのか，膨らんだのかがわからないんだよね」水は体積だけが大きくなったのか，水道で水を足したように新たな水が足されたのかを調べてみたいというのが，その子どもの疑問でした。やがて「水は温めて体積が大きくなったとき，重さも変化するのだろうか？」というクラスの問題となりました。

③連続した問題解決になる単元構成にする

　問題が結論と同時に出るような単元構成を心がけましょう。それには，単元を貫く問題と単元構成が不可欠です。右の図は第5学年「電流がつくる磁力」での一例です。

　まずは，子どもの言葉でつなぐような指導案を作成するとよいでしょう。

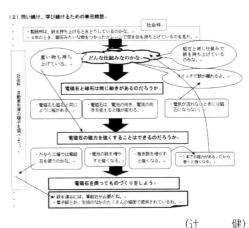

（辻　　健）

26 学びを振り返り,成長を自覚する機会をつくるスキル

使用場面:授業中　結論の導出　　　発問,言葉かけ

POINT
❶問題解決の過程を振り返る機会をつくる
❷学びの現在位置を示す
❸単元全体を振り返る機会をつくる

　新学習指導要領が示す,資質・能力の育成,自律的に働かせる理科の見方・考え方には,成長の自覚が大切になります。自分たちに備わっているんだという成長の自覚なしには,見方・考え方を自ら働かせたり,資質・能力が生きて働く力となったりはしないからです。ここでは,ポートフォリオや学習カードというツールを示しますが,これは手法にすぎません。大事なことは方法ではなく,振り返ることで子ども自身が自分を知るという目的です。

①問題解決の過程を振り返る機会をつくる

　問題を見いだし,観察,実験という手段を通してその問題を解決する過程。その間で自分自身がどのようにその事象を捉えていたのか,問題解決の終わりに予想や考察で考えたことを中心に振り返る機会をつくりましょう。そこで,

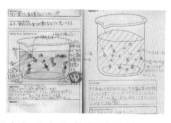

子どもがどのようなことを得たと感じることができたのかを教師は注視する必要があります。子ども自身が成長を自覚しやすいのは,知識や理解ですが,ここでは条件に制御して実験を計画できたこと,予想の根拠がはっきりしていたから考察がスムーズにいったことなども自覚できるよう助言も必要です。

前頁に示した学習カードは、予想と考察にイメージ図を描くスペースを大きくとりました。それが隣り合うように構成されています。これは、自分自身の考えの変容を捉えやすいようにするためです。

②学びの現在位置を示す

これまで、この学級が単元を通してどのような問題解決をしてきたのか、それがこれから先の問題解決にどのように活かせるのかを一目でわかるようにするためにも、学習履歴

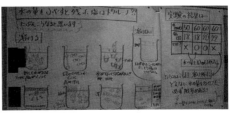

を見える化しておくとよいでしょう。身に付けてきたことは何か、まだ解き明かしていないことは何かを目の当たりにすることで、自分たちの成長を自覚することにもつながります。学習履歴には、成果としての知識が記載されることも多いのですが、その知識を得る過程で使ってきた技能や問題解決の力なども目立たせるようにするとよいでしょう。ここでは、例として模造紙での学習履歴を示しましたが、ポートフォリオへの記載など他の手法でも構いません。ただし、模造紙での掲示は一覧できるという長所があります。

③単元全体を振り返る機会をつくる

単元を終えた子どもたちに振り返る機会をつくるのも成長を自覚するのに役立ちます。単元を通して書き残してきたポートフォリオやノートにタイトルを付けたり目次を付けたりすることでこれまでの学びを振り返り、自分たちが成し得てきたことを再認識できるでしょう。

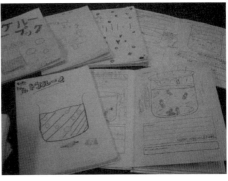

(辻　健)

27 結論を既習の内容や生活経験との関連を促すスキル

使用場面：授業中　結論の導出　　　発問，言葉かけ

POINT
❶ 結論を生活経験と関連させるため，適用先を明確にする
❷ どのような関連があるのかを説明できるようにする

　結論を導出した後，得られたことを既習の内容や生活経験と関連させる子どもの姿は，理科の授業をしていて達成感を感じるうれしい瞬間の一つではないでしょうか。しかし，教師が働きかけることなく，子どもが自らこのような姿を見せることは，なかなかないのではないでしょうか。では，このような子どもの姿は，どのような指導で実現することができるのでしょうか。

① 結論を生活経験と関連させるため，適用先を明確にする

　まずは，教師が何と関連させるのかを示しましょう。例えば，第6学年「てこの規則性」の学習では，支点，力点，作用点と，それぞれの関係について学習をします。そのうえで，身の回りの物でてこの仕組みを用いた道具について，学習したことを関連させて考えていきます。おそらく，教師が問いかけや発問をはじめとした支援を何も行わずに，てこの学習の結論を身の回りの道具に適用させようとする子どもは少ないでしょう。

　そこで，「てこで学習したことが身の回りの道具にも役立てられているのだけれど，どのような道具かわかりますか？」と問うてあげるのは，一つの方法です。その際にキーワードとなるのは，「役に立つ」という言葉です。理科で学習したことは，「役に立つ」からこそ，生活経験との関連があるのです。

しかし，もしかすると，先ほどの問いかけだけでは，子どもたちは探そうとしても，てこの学習と生活経験との関連が見いだせないかもしれません。そのようなときには，てこの学習であれば，はさみなどの具体的な物を出し，「このはさみには，てこの仕組みがあるのだけれど，学習したこととどのようにつながるかわかりますか？」と問うてみるとよいでしょう。すると，子どもたちははさみを見ながら，学習したことについて振り返り，どのような関連があるのかを見いだそうとします。

②どのような関連があるのかを説明できるようにする

　導きだした結論が，学習内容や生活経験と関連することを子どもたちが説明するときに，すらすらと説明できる子どももいれば，なかなか言葉が出てこない子どももいます。教師が留意しなければならないのは，導出した結論と既習の内容や生活経験とに，どのような関連があるのかを説明できるようにすることです。先ほどの「てこの規則性」の例で考えてみましょう。

　例えば，てこの学習で学んだことと，はさみとの関連を子どもたちが見いだしたとき，支点，力点，作用点がそれぞれどこなのかを答えることはできるでしょう。しかし，それらの位置関係が，はさみの使用をどう便利にしているかについて，教師の支援なくしてすらすらと説明できる子どもは多くないでしょう。もちろん，そのような子どもがいる場合には，子どもの発言を全体で共有しながら授業を進めていくことが考えられます。

　そのような子どもがいない場合に，教師がすべき言葉かけの一つとして，先ほどのキーワードにもあった，「役に立つ」場面を具体的に想起させ，考えるきっかけとすることが考えられます。例えば，「はさみでかたい物をできるだけ少ない力できるためには，どうすればよいでしょうか？」と問うことが考えられます。このように問うことで，役に立っている具体的な場面に，これまで導出してきた結論を当てはめて考えるようになり，説明をしやすくすることができます。

（志田　正訓）

28

使用場面：授業前

板書，ノート指導

構造的な板書を書くスキル

POINT
❶問題解決の過程に沿って，板書の計画を立てる
❷問題解決の過程に沿った自分の考えを記述する習慣を付ける

　板書は，授業中の子どもたちの思考を助け，学習の要点をわかりやすく示し，学びの履歴となるものです。問題解決の過程がイメージできる構造的な板書を毎時間継続していくと，子どもたちは問題解決をより意識し，自然事象に対する理解がよりいっそう深まっていくことが期待できます。

　ノートは，言語活動の充実につながるツールであり，教師は個々の子どものもつ考えを把握し，指導に生かすことができます。子どもにとっては，自分の考えをノートに書くことで思考を深めることができ，学習の振り返りにも役立つ記録帳となります。そのため，一目で内容がわかるように，板書と同じく構造的なノートになるように指導していくことが大切です。

①問題解決の過程に沿って，板書の計画を立てる

　構造的な板書を書くためには，やはり事前の計画が大切です。問題解決の過程に沿って，どの過程をどこに書くか検討します。板書はノート指導にもつながるので，左右２分割したレイアウトが望ましいです。「問題」は学習を明確にするために色チョークで囲みます。「予想」では，立場と根拠（理由）を整理して板書します。「方法」では，子どもたちがいつでも板書を見て確認できるように，実験器具や手順を示します。「結果」では，学級全体の観察，実験の結果を示します。表やグラフにまとめることが多いので，ス

ペースを十分に確保することが必要です。黒板が狭い場合は，模造紙などを別の場所に貼って結果を示せるようにしてもよいでしょう。「考察」は，結果から読み取った事実と予想を比べて，解釈したことを板書します。「結論」は，「問題」との対応関係がわかるように色チョークで囲みます。「問題」や「結論」の文は事前に用意した紙を貼るのではなく，子どもたちと対話しながらチョークを使って書くようにします。こうすることで，子どもがノートに書く時間も確保され，子どもの言葉も取り入れることができるようになります。問題解決の過程を表すカードも作成しておくと便利です。また，数日にわたって授業をする場合は，デジタルカメラなどで板書を記録し，次時に板書写真を提示し，これまでの学びが振り返れるように工夫しましょう。

②問題解決の過程に沿った自分の考えを記述する習慣を付ける

１つの問題解決で見開き２ページを基本とすると見やすくなります。問題解決の過程を明記して「どうしてそう考えたか」「わかったことは何か」など，自分の考えを確実に記述する習慣を付けることがノート指導の重要なポイントです。子どもた

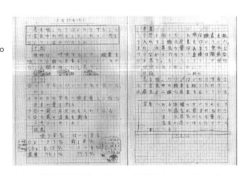

ちのノートが充実すると，自然事象に対する理解がより一層深まっていきます。

（葛貫　裕介）

29

使用場面：授業中　予想や仮説の設定　　　　板書，ノート指導

自分の考えをノートや黒板に表現する場をつくるスキル

POINT
❶子どもと対話し，根拠となる考えを引き出す
❷言葉だけでなく，図や絵も使っての表現を促す

　子どもたちが学習問題に対する予想や仮説を設定する際には，それまでの既習の内容や生活経験を基にした根拠となる何かしらの考えをもっています。その考えが明確になって自覚でき，自分なりの予想や仮説が立てられると，主体的に問題解決を進めていくうえでの原動力となります。だからこそ，子どもたちの根拠となる自分の考えをノートや黒板に表現できるようにすることは重要です。そして，その考えをわかりやすく学級全体に伝えられるようになるとより対話的な学びが実現され，学習する自然事象を幅広い視点で捉えられるようになっていきます。教師は，ノートの記述や発言から子どもたちのもつ考えを丁寧に見取り，授業に生かしていくことが求められます。

①子どもと対話し，根拠となる考えを引き出す

　根拠となる考えを言語化して表現させる際には，子どもの発達や単元の特徴に配慮する必要があります。子どもが根拠として何を記述するかを，教師がある程度想定したうえで指導にあたることも大切です。既習の内容や生活経験と関係付けて考えることに慣れていない子どもは，「何となくそう思う」「そんな気がする」のように根拠となる考えが自覚できません。そこで教師は，予想や仮説を設定する場面において，そのような子どもと積極的に対話し，根拠となる考えを引き出して自覚させていきます。例えば，「今まで，

○○が△△していく様子を見たり感じたりしたことはあるかな？」「これまで理科や生活科で勉強したことと関係がありそうなことはないかな？」のような問いかけが考えられます。

そして，個々の子どもの様々な考えを板書すると，子どもたちは自分とは異なる視点を知るきっかけとなり，根拠を明確にして考えることに慣れていきます。その際，子どもたちすべての考えを板書に反映させることは難しい

ため，ネームカードを黒板に貼る活動を行うと効果的です。子どもの参加意識が高まるとともに，教師にとっては子どもたちがもつ考えの傾向を把握することができるようになります。

②言葉だけでなく，図や絵も使っての表現を促す

考えを表現する方法は，言葉だけではありません。場合によっては，図や絵を使った方が説明しやすかったり，子どもたちの考えの違いがより明らかになることもあります。そのため，日

頃から言葉だけでなく，図や絵も合わせて自分の考えを表現させていくとよいでしょう。第6学年「植物の養分と水の通り道」において，植物の水の通り道について予想する場面を例にします。水の流れを図で表現させると，「葉に近付くと水の通り道は細くなるのか？」「茎のどのあたりを水は通るのか？」など，子どもたちの考えの違いが見えてきます。この考えの違いが，その後の観察の視点へとつながっていきます。自分の考えを表現することに慣れ，「先生，黒板を使って説明してもいい？」「私が思う電気の流れのイメージを絵にしてみました！」なんて声が自然に出てくることを目指したいものです。

（葛貫　裕介）

30 結果をまとめて，わかりやすく表現する場をつくるスキル

使用場面：授業中　結果の整理　　　板書，ノート指導

POINT
❶数値の出る結果は，表やグラフにまとめて整理する
❷観察結果や定性的な結果は，視点を決めて整理する

　観察，実験した結果を，学級全体で共有し整理していく場面は，次に来る考察の場面を効果的に進めていくうえで重要になります。実験結果の記録は，長さ，重さ，時間，温度など，数値で扱うことがほとんどです。観察結果の記録は，スケッチなどの描画や月の観察のように時系列での記録などがあります。しかし，これらの結果を適切に処理しなければ，子どもは情報量の多さに混乱してしまい，考察ができなくなります。そのため，結果を表やグラフにまとめたり，考える視点を決めたりして，視覚的に整理し，わかりやすく黒板やノートに表現させることが必要なのです。

①数値の出る結果は，表やグラフにまとめて整理する

　数値の出る結果は，表やグラフにまとめて整理することで，違いや関係性がより見えるようになります。
　第3学年「物と重さ」において，体積を同じにしたときの重さの違いについて調べる実験であれば，同体積の様々な物の重さを表

やグラフにまとめ，物は体積が同じでも重さは違うことがあることに気付かせていきます。

第5学年「電流がつくる磁力」において，電磁石の強さについて調べる実験であれば，電流の大きさや導線の巻数を変えたときに付くクリップなどの個数を表やグラフにまとめ，電磁石の強さは電流の大きさや導線の巻数によって変わることに気付かせていきます。

表やグラフは，事前に模造紙などを使って枠だけ用意しておくと，効率よく授業を進めることができます。また，子どもたちのノート用に，表やグラフの枠だけを印刷して配付すれば，子どもたちも短時間で見やすく結果をまとめることができるため便利です。

❷観察結果や定性的な実験結果は，視点を決めて整理する

観察結果は考える視点を決めて整理することで，植物の体のつくりや月の動き方といった規則性や順序性が，より見えるようになります。リトマス紙の色の変化や豆電球の明かりといった定性的な実験結果も，同じように視点を定める必要があります。

第3学年「電気の通り道」において，電気を通す物について調べる実験であれば，「回路の途中に物を挟んだとき，豆電球の明かりが点灯したかどうか」という視点で結果を整理し，電気を通す物は金属でできた物であることに気付かせていきます。

第4学年「雨水の行方と地面の様子」において，降った雨の流れの行方について調べる観察であれば，「雨水が流れたとき，流れた方向とそのときの地面の傾きはどうか」という視点で結果を整理し，水は高い場所から低い場所へと流れて集まることに気付かせていきます。

チョークの字で結果を板書してしまうと，他の視点で整理し直すことが難しくなります。そこで，結果をあらかじめ画用紙などに書かせてから黒板に貼ると，自由に結果を移動できるようになるので，様々な視点で結果を整理することが可能になります。

（葛貫　裕介）

31 事実と解釈を明確に分けて板書するスキル

使用場面：授業中　考察　　　　　　　　板書，ノート指導

POINT
❶ 結果の共通性や傾向性に注目する
❷「事実」と「解釈」の関係性がわかるように板書する

　子どもが観察，実験の結果を，自ら設定した予想や仮説との関係や，他の子どもたちの結果との関係の中で，比較し検討して考察する場面は，理科でねらう資質・能力の育成を図るうえで最も重要な場面と言えます。しかし，子どもたちは，結果から得られた事実と自分の解釈を混同したまま扱ってしまう傾向があります。そのため，子どもが事実と解釈の違いを意識できるようにするために，事実と解釈を明確に分けて考えさせる板書にすることが大切です。

①結果の共通性や傾向性に注目する

　実験を行っても，どの班もまったく同じ結果になるとは限りません。そのため，「気付いたことはありませんか？」と教師が発問すると，子どもは「ここが違う」「どの班も数字がバラバラだ」などと言い，差異点ばかりに注目してしまうことが多いです。差異点も大切な視点ですが，事実を捉えて結論を導く解釈をするためには，まずは結果の共通性や全体的な傾向性に注目させることが重要になります。
　例えば，第4学年「金属，水，空気と温度」において，絵の具と示温テープを使った実験で水の温まり方を調べたとします。絵の具の動きであれば，「絵の具が細かく分かれて上に動いていった」「絵の具は上の方へ細くのびて

いった」など，子どもは様々な言葉で自分の結果を説明します。そこで，結果の共通性や傾向性に注目させ，「絵の具は上の方へ動き，横に広がってから下に動いた」のように事実を明確にして板書します。

②「事実」と「解釈」の関係性がわかるように板書する

　結果から事実を捉えることができたら，解釈へと移ります。ここでは，「どの事実から何が言えるのか」という事実と解釈の関係性を子どもがわかるように板書することが求められます。

　これも第4学年「金属，水，空気と温度」における水の温まり方を調べる実験を例にしてみます。まずは絵の具の動きは"水の動き"を，示温テープの色の変化は"水の温度変化"を表すものとして実験したことを再確認します。そして，"絵の具が上へ動いたこと""示温テープの色が上から下へと色が変わっていったこと"の2つの事実からそれぞれ解釈できることを考察として板書します。関係性がわかるように，色チョークや矢印を使ったりすると効果的です。

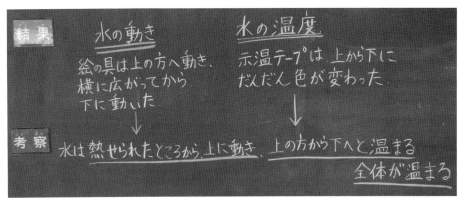

　このように，事実と解釈を明確に分けて整理した板書を教師が毎回心がけていくと，子どもたちは自力で結果の事実を的確に捉えて解釈できるようになっていくのです。

（葛貫　裕介）

32 振り返りの質を高めるスキル

使用場面：授業中　結論の導出　　　　　板書，ノート指導

POINT
❶ 学びをつなげる視点をもつ
❷ 自身の成長や変容を実感できる活動を取り入れる

　これからの理科授業では，一つの問題の結論が出たことで学びが終わりになるのではなく，子どもがこれまでの学びを振り返り，その学びを日常生活につなげ，自覚的に学び続ける授業を目指していくことが求められています。新たな問題を見いだしたり，自分の成長を自覚したり，既習の内容や生活経験との関連に気付いたりできる子どもの姿です。しかし，単に「今日の学習を振り返りましょう」と毎回指示するだけではうまくいきません。そこで，板書やノートを活用しながら，振り返りの質を高める工夫をしていきます。

① 学びをつなげる視点をもつ

　様々な事柄と学習内容を関連付けて考えられるようになると，振り返りの質が高まっていきます。そのために，まずは学びをつなげる視点をもたせることが必要です。例えば，「日常生活や他の学習への適用」「別の事象への置き換え」「新たな疑問や気付き」といった視点が考えられます。この視点を，ノートに貼っていつでも見られるようにすれば，子どもたちは関連付ける考え方が習慣化し，質の高い振り返りへと近付いていきます。手本となる振り返りがあれば，必ず学級全体に紹介

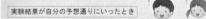

実験結果が自分の予想通りにいったとき
○ ふだんの生活や他の学習につながることはあるかな？
○ 他のこと（物）にも同じようにいえるかな？
○ 新たな疑問や気付いたこと，調べてみたいことはあるかな？

していきましょう。第5学年「流れる水の働きと土地の変化」の学習であれば、以下のような振り返りが例として考えられます。
・学校に雨が降って、校庭に川ができたとき、内側に土がたまっていました。流れるプールは、毎回外側が速く流れます。実験結果と同じでした。
・川の外側が削れるのは、校庭（トラック）を走っているときに体が外側に傾こうとすることと関係があるのかもしれません。
・実際に流れる水の働きで運ばれた土砂は、上流から下流に行って、最後はどこまで行くのだろう？　海まで運ばれるのかな？

②自身の成長や変容を実感できる活動を取り入れる

　学習を通して、自分自身の成長や変容を子どもが実感できるようになることも質の高い振り返りと言えます。そのためには、板書やノートを見返し、予想の根拠となった考えに立ち戻るなどして、子どもが観察、実験をする前の自分の姿を思い出し、今の自分の姿と比べることが欠かせません。ほんの少しの変化であってもその変化に対する気付きを重ねていく中で、自身の成長や変容が実感できるようになります。

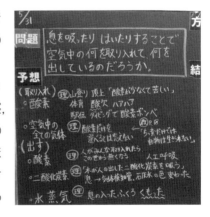

　また、単元全体を通しての成長や変容を実感させる場合は、学習内容に関するコンセプトマップやポートフォリオの作成が効果的です。単元の前後での記述内容や量を比べさせることで、自然事象に対するいくつかの知識が相互につながったことや、より科学的に自然事象を捉えられるようになったことに子ども自身が気付けるようになります。

　振り返りの質を高めていくことで、子どもがこれまでの学びを振り返り、その学びを日常生活につなげ、自覚的に学び続ける授業を目指していきたいものです。

（葛貫　裕介）

33 適切な器具の選択を促すスキル

使用場面：授業中　観察，実験の実施　観察，実験についての指導

POINT
❶どんな実験をしたいのか具体的な話し合いを行う
❷器具を自由に取りに行くことができる環境をつくる

　器具を適切に選ぶためには，どのようなことを明らかにしたいのか，また何のためにその器具を使うのか，子ども自身が自分の問題解決を理解する必要があります。また，それぞれの器具の正しい使い方を学習しても，器具を使った経験がないと，どのような場面でどのような器具を使えばよいのか選ぶことができません。そのためには，子どもが器具の用途を理解し，自分が行いたい実験のためにどのような器具を使えばよいか考える機会をつくることが大切です。

①どのような実験をしたいのか具体的な話し合いを行う

　適切な器具を選ぶためには，子ども自身がどのような問題を解決しようとしているのか，そのためにどんな観察，実験を行えばよいのか明確にする必要があります。

　例えば，第5学年「物の溶け方」において，水溶液に溶けているものを取り出す活動について考えてみます。解決したい問題は「水溶液から，ミョウバンや食塩は取り出せるのだろうか」です。

　子どもは既習の内容や生活経験から，水溶液を「蒸発させる」「冷やす」などの予想をします。そして，これらの予想を基にどのような実験を行うか話し合う活動を行います。

このとき，溶けてミョウバンや食塩の粒が見えなくなった水溶液から，再びミョウバンや食塩を取り出せるか調べることを，子ども自身が理解しているかが大切です。本時で使用する水溶液は，温度を上げると，溶ける量が増えることを調べた水溶液であることが多いのではないでしょうか。また，教師が水溶液をあらかじめつくっておくことも考えられます。そのため，水溶液の入ったビーカーの底には，ミョウバンや食塩の粒が出てきていることが多いです。子どもは，粒が現れている水溶液を見て，「この水溶液をこのまま蒸発させても（冷やしても），本当に問題について調べられるのかな？」と，話し合いの中で考える機会をつくることができるように声かけをします。そうすることにより，ビーカーの底に現れている粒を取り出す操作が必要となり，ろ過するための器具を選ぶことができます。

②器具を自由に取りに行くことができる環境をつくる

　器具を自由に取りに行くことができる環境をつくることで，子どもが検証方法を改善しながら，観察，実験を行うことができます。例えば，上記の問題について，水溶液を「冷やす」実験のみを行った班は，ミョウバンを取り出すことはできますが，食塩を取り出すことはできません。ここで，子どもは食塩を取り出す他の方法を考え，「蒸発させる」実験についても確かめたいと思います。理科室が，器具を自由に取りに行くことができる環境であれば，子ども自身が水溶液を蒸発させるためには何が必要なのか考えて，器具を準備することができます。

　理科室には，どこに何が置いてあるか表示されている学校も多いと思います。初めて理科室を使うときには理科室探検をして，どこにどのような器具があるかを調べ，理科室の使い方を学習する活動も考えられます。このときには，安全に理科室を使えるように，理科室のルールづくりをすることも大切です。

（新田　望）

34 自然事象とモデルを往還する考察を促すスキル

使用場面：授業中　観察，実験の実施　観察，実験についての指導

POINT
❶ 図や絵を使って説明する活動を入れる
❷ ICT機器などを使って，自然事象を提示する

　自然事象とモデルを往還しながら考察するためには，自然事象とモデルの対応している部分を明確にする必要があります。モデルを使った観察，実験の結果を明確に記録し，さらに自然事象に照らし合わせて考える活動を計画することで，子どもの考察がより充実します。

①図や絵を使って説明する活動を入れる

　自然事象とモデルを往還しながら考察するためには，まずモデルからわかることを明確に記録し，そこからどんなことが言えるか自分なりに考える活動が必要です。例えば，第5学年「流れる水の働きと土地の変化」において流れる水の働きを調べる活動について考えてみます。解決したい問題は「流れる水には，どんな働きがあるのだろうか」です。

　ノートやワークシートにモデルとなる川の図を描きます。このとき，学級全員で同じ川の形になるように声かけや板書をすれば，同じ川のモデルについて考えることができ，話し合い活動が活発になります。

　また，予想や仮説の設定の場面，検証

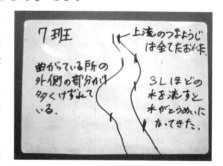

方法の立案の場面，考察の場面でも同じ川のモデルを使って説明する活動を設定することで，自分の問題解決を振り返り，どのように考えたか子ども自身が確かめることができます。学級全体で結果を交流させる場面でも，同じ川のモデルを使ってまとめていくと「侵食・運搬・堆積」の流れる水の働きについての理解を深めていくことができます。

　実験を行うときも，同じ川の形になるようにモデル実験を準備します。同じ川の形であれば，結果を的確に記録することができ，他の班の実験結果を踏まえて考察することもできます。

② ICT機器などを使って，自然事象を提示する

　理科の学習では，子どもの問題解決の過程の中で，実際に自然事象と触れ合う活動を設定することが必要です。上記の問題であれば，実際に川の様子を観察しに行くことが一番よいと思います。しかし，近くに川がなかったり時間がなかったりして観察できない場合は，ICT機器や地図などを用いて，川の形や様子を知る活動を設定します。

　問題を見いだす場面などで，子どもに身近な川をICT機器を用いて提示したり，鳥瞰的に川を見ることができるような地図を提示したりすることで，川の上流・中流・下流の様子や形を知ることができます。そして，提示した地図などをいつでも見ることができるように板書したり掲示したりすることで，根拠をもって予想することができます。また，実験を行っているときも，実際の川であればどの部分であるか，自然事象とモデルを対応させながら結果を整理することができ，それらの結果を基に考察することができます。

（新田　望）

35 実験結果について批判的な考察を促すスキル

使用場面：授業中　観察，実験の実施　　観察，実験についての指導

POINT
❶ 複数回実験を行うように声をかける
❷ 他の班の実験結果と比較できる板書をする

　子どもの問題解決において，実験結果が必ず正しいとは限らない経験があれば，複数回実験することの意義を理解することができます。また，同じ実験をする他の班の実験結果と比べることで，自分の実験結果は本当に正しいのかと批判的に思考して，考察することができます。

①複数回実験を行うように声をかける

　どの学年の子どもであっても，複数回実験を行うことの重要性を，体験を通して理解させる必要があります。理科を始めたばかりの学年であれば，教師の指示により，何度も実験を行い結果を得る経験も大切です。
　例えば，第3学年「電気の通り道」において，電気を通す物，通さない物を調べる活動について考えてみます。子どもは身の回りにある物を回路の途中に挟み，豆電球がつくかどうかで電気を通す物と通さない物を調べていきます。金属でも，空き缶やクリップなどの塗装された部分については，電気は通りません。実験をしている子どもに「空き缶はどのような結果になりましたか？」と問いかけると，明かりがついた，明かりがつかなかったとそれぞれの結果を教えてくれます。そこで，「本当にそうなったの？」「他の部分も同じだったの？」と問いかけ，もう一度実験するように促すと，先ほどの実験結果と異なる結果が得られます。子どもはこのような経験を通して，

一度実験しただけではわからないこともあることを理解します。このような経験を繰り返しできるように，実験中に声をかけることにより，複数回実験を行う意味を理解し，自分の行った実験の結果の信頼性について考えることができるようになります。

②他の班の実験結果と比較できる板書をする

　同じ実験を行った場合，他の班の実験結果と見比べることで，自分の実験結果が信頼できるものかどうか考えるポイントとなります。自他の実験結果を比較できるように板書を工夫すると効果的です。

　第5学年「振り子の運動」において，一往復する時間を調べる活動について考えてみます。解決したい問題は「振り子が一往復する時間は，どんな条件で変わるのだろうか」です。

　子どもは「振れ幅」「おもりの重さ」「振り子の長さ」の条件について振り子が一往復する時間を調べます。このとき，調べる条件ごとに実験結果を板書することで，同じ条件で実験を行った班の実験結果を比較して考察することができます。他の班と実験結果が同じであれば信頼できる結果であると言えます。例え

結果			
変える条件	[10g]	[40g]	条件を変えたときの差
1回目	13.29	13.12	
2回目	13.35	13.15	
3回目	13.25	13.12	
合計	39.89	39.25	
10往復する時間の平均	13.3	13.1	
1往復する時間	1.33	1.31	0.02

結果			
変える条件	[10g]	[40g]	条件を変えたときの差
1回目	13.51	14.87	
2回目	13.45	14.92	
3回目	13.76	14.95	
合計	40.72	44.81	
10往復する時間の平均	13.57	14.94	
1往復する時間	1.36	1.49	0.13

ば，「おもりの重さ」について調べる班の結果を並べたとき，異なる結果になりました。これは，おもりのつるし方が異なるため，「振り子の長さ」まで変化してしまったからです。このように結果を比較し，自分の班の実験結果が本当に正しいのかどうか考えるきっかけになります。

（新田　望）

使用場面：授業中　観察，実験の実施　観察，実験についての指導

視点をもった観察を促すスキル

POINT
❶友達の予想と違う部分を明確にする
❷観察する部分がわかりやすい板書などを使用する

　自然事象に対して視点をもって観察を行うことで，学習内容の深い理解につながります。しかし，教師が「植物の葉の形を観察しましょう」と観察の視点を提示するのでは，子どもの問題解決とは言いがたいです。子どもが問題を解決するために，何を観察すればよいのか理解し，視点をもって観察できるように支援することは，とても重要です。

①友達の予想と違う部分を明確にする

　自然事象を観察するとき，「何を観察するか」「どの部分を観察するか」など視点をもって観察しなければ，意味のある観察とは言えません。また，教師から観察する対象についての観察の視点を提示するのも，子どもの問題解決とは言いがたいです。そこで，予想や仮説の設定の場面において，友達の予想と違う部分をはっきりさせ，何について調べていくかを子ども自身が理解し，観察を行っていくことが重要です。

　例えば，第6学年「植物の養分と水の通り道」において，植物の体内での水の通り道を調べる活動について考えてみます。解決したい問題は「根から取り入れた水はどこを通って植物の体に行きわたるのだろうか」です。

　子どもは生活経験から，水を根から取り入れることは知っています。そこで，見えない植物の体の中を予想して観察を進めていきます。予想や仮説の

設定の場面では，ノートやワークシートに植物の体の中について図を描き，友達の予想と比較していきます。また板書には，特徴的な予想が出るようにします。

それぞれの予想を比較し，違う部分をはっきりさせていきます。そうすることにより，子どもは「予想が異なる部分については，よく観察をしなければいけないね」と，観察の視点がまとまっていきます。本時の子どもの予想には，根・くき・

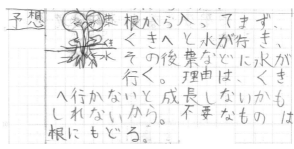

葉の部分について違う部分があり，それぞれについて観察をしていくことになります。

②観察する部分がわかりやすい板書などを使用する

学級全体で話し合い，観察の視点を子ども自身がもてるようにすることも大切ですが，学級の子ども全員が視点をもって観察するための支援として，板書やワークシートの工夫も考えられます。

第3学年「身の回りの生物」において，植物の観察の場面を考えてみます。ワークシートを用いて，植物の着目させたい部分だけを観察し，記録できるような欄を設けます。また，植物の大きさや太さ，色，手ざわりなどについても着目できるように，板書やワークシートに観察の視点を示したり，観察を行っている途中に机間指導しながら，声かけしたりします。

このような支援を繰り返し，子どもが植物を観察する経験を積めば，視点をもって自ら進んで観察を行うことができるようになります。

（新田　望）

使用場面：授業中　観察，実験の実施　　観察，実験についての指導

諸感覚を働かせた観察を促すスキル

POINT
❶自然事象と触れ合うことができる環境をつくる
❷友達が観察しているものに触れる機会をつくる

　観察するとき，見るだけではなく，触ってみる，においをかいでみるなど諸感覚をめいっぱいに使うと，多くの気付きが見つかります。子どもが興味・関心をもって，自然事象に関わっていくためにも，子どもの観察活動の充実を図るための工夫が大切です。

①自然事象と触れ合うことができる環境をつくる

　諸感覚を働かせながら観察するためには，子どもが自然事象と触れ合う経験を確保することが重要です。安全で，実際に自然事象に触れ合うことができる環境を整えることができれば，子どもは諸感覚をめいっぱいに使って，観察を進めることができます。
　例えば，第3学年「身の回りの生物」について考えてみます。本単元では，身の回りの生物について，探したり育てたりしながら，生物の成長のきまりや体のつくりについて調べていきます。植物の観察を行う活動では，学級の子どもの数よりも少し多くポットに種を植えます。植物も，観察用と栽培用を準備すると，手で触ったり，においをかいだりと自由に観察することができます。子どもが植物の観察を行っているときには，「どんな色をしていますか？」「においはしますか？」「手ざわりはどうですか？」など，諸感覚を働かせることができるような声かけをしながら活動を進めると，様々な

気付きをもつことができます。

　しかし，植物の命の大切さについても指導すべきですので，一人一鉢に植えるための植物，学級園などに植えるための植物など大きく成長した植物をポットから植え替えができないほど栽培しすぎるのもよくありません。また，観察するために栽培した植物であっても，優しく触るように声をかけます。子どもが何度も触って感触を確かめながら観察すると，植物が痛むことがあるので，机間指導しながら，植物の扱い方についても声をかけます。

②友達が観察しているものに触れる機会をつくる

　生物の観察をするとき，動物や昆虫に触れ合うことを嫌がる子どももいます。そのようなときは，グループや班で観察する活動を設定します。友達の観察している様子や観察からの気付きが，子どもの問題解決に生かされるからです。

　例えば，第3学年「身の回りの生物」において，昆虫の育ち方を飼育を通して，調べる活動について考えてみます。カブトムシやショウリョウバッタなど，複数の昆虫を飼育し，観察を続けていきますが，昆虫が嫌いな子どもに無理矢理触らせることは，さらに昆虫嫌いを加速させ，ひいては理科嫌いにもつながりかねません。それを避けるためにも，友達と一緒に観察する活動を設けることで，見るだけではなく，昆虫を触ることができる子どもの気付きを，自分の観察結果として得ることができます。また，友達が昆虫に触っているところを見て，「自分も少し触ってみたいな」と興味をもつ可能性もあります。

　昆虫をはじめ，自然事象と触れ合う機会が少なくなってきているため，触ったことがないから，触りたくないと思う子どももいると思います。観察するグループや班は，子どもが観察したい昆虫を選んで組んだり，昆虫が好きな子と嫌いな子で組んだりすることが考えられます。

（新田　望）

38

使用場面：授業中　観察，実験の実施　　観察，実験についての指導

事実の的確な記録を促すスキル

POINT
❶観察は，図や絵以外にも，言葉を使って記録する
❷実験は，役割分担をして記録する

　子どもの問題解決において，結論を導出するための根拠となるものは，観察，実験の結果です。結果を基に考察し，問題を解決していきます。そのため，観察，実験の結果を的確に記録することは，重要です。また，生活経験で知っていることでも，実験をしてみると思ってもいない結果になるということはよくあることです。どんな結果であっても，その結果から自分の問題解決を振り返り，考察したり改善したりするためには，事実を的確に記録する必要があります。

①観察は，図や絵以外にも，言葉を使って記録する

　観察を記録するとき，観察する対象について図や絵以外にも言葉も添えて記録できるように支援していくことが必要です。言葉を付け加えて記録するためには，子どもが視点をもって観察することが重要です。観察をしている途中に，ポイントとなる部分について「どんなふうになっているの？」と声をかけます。植物の観察であれば，子どもは「葉がつるつるしている」など，気付いたことなどを返してくるでしょう。そのときに，気付いたこと，考えたことも一緒に記録するように声をかけます。ただ観察する対象の形だけでなく，諸感覚で観察したことを図や絵とともに記録することで，より詳しく的確に記録できると考えます。

②実験は，役割分担をして記録する

　班で実験を行うとき，実験に夢中になりすぎていて，実験結果を的確に記録できず，ノートやワークシートに記録したものと，黒板に掲示した実験結果が異なっていることがあります。そのためにも，実験は役割分担をして行うことが必要です。

　例えば，記録する役割になった子どもは，一緒に実験もしますが，どのような事実を記録するか，班の中心となってまとめていく役割を担います。何をまとめるか，班の友達の意見を集約できるとよいでしょう。このとき，教師が机間指導をし，「どのような実験結果になりましたか？」と，子どもの考えがまとまりやすくなるように声をかけていきます。「どんなことがわかりましたか？」や「どんなことが言えそうですか？」は，事実（実験結果）ではなく，解釈（実験結果から言えること）を問うことになります。教師自身が，事実と解釈の区別を明確にし，子どもに問いかけたり，まとめたりすることで，子どもも実験結果と考察を分けて考えることができるようになります。

　また，子どものノートやワークシート，黒板に掲示する実験結果を書いたホワイトボードには，事実（実験結果）と解釈（実験結果から言えること）を区別して書くことができるような欄を設けます。そうすることで，子どもは何を実験結果として記録し，実験結果を基にどのように考察するか，思考の筋道が明確になります。

（新田　望）

39

使用場面：授業中

見取り（評価）

観察，実験前に見取るスキル

POINT
❶ 子どもの発言やつぶやき，ノート記録から見取る
❷ ノートへの記述や話し合いの時間を確保する
❸ 子ども自身が予想したことを解決しようとする姿を追う

　子どもの様々な活動を見取り，子どもの発表やつぶやき，ノートに表出されたもの，まとめで書いた新聞など様々な側面から評価を行っていきます。

①子どもの発言やつぶやき，ノート記録から見取る

　自然に親しむ活動を通して理科の見方・考え方を働かせながら，主体的に対象と関わろうとする子どもの様々な活動の姿から，資質・能力の高まりを見取ることが大切です。まずは教師がどのような授業を行うか，授業ごとに子どものどの資質・能力を育てたいのかを明確にします。授業で子どもが問題をもつ場面では，対象を比較し，差異点や共通点を見いだしながら主体的に問題を見いだしていく様子を評価の観点としていくようにします。子どもはこれまで何気なく見ていた物について視点をもつようになったり，疑問を感じたり，新しい考えを描いたりしながら，学級全体の問題としてまとめられます。そのような子どもの活動や変容する姿を発言やつぶやき，ノート記録から見取ります。

　また，教師は子どもの学びたい意欲の高まりも見取り，コメントなどを付け加えながら評価していくことで，子どもは自信と学習意欲を高めることができ，次時の活動に大きな影響をもたらします。

②ノートへの記述や話し合いの時間を確保する

　問題をもった子どもは解決に向けて考えを深めていきます。予想や仮説の設定の場面では，子どもがこれまでに経験したり，体験したり，知り得たりしたことを基に「関係付け」という考え方を働かせながら，根拠のある予想が表現できているかを教師は見取ります。

　このとき，子どもの予想や根拠は生活経験などが異なるため，様々な考えが挙がります。教師は子どもの多様な考えを尊重し，一人一人の考えがしっかりと表現できるよう，ノートへの記述や話し合いの時間を確保することが大切です。

　また，考えたことを学級全体で共有し，自分の考えをより深めたり，改善したりする活動も大切になります。そのために，自分の予想や仮説をわかりやすく伝えようとする姿を教師は見取り，支援していかなくてはいけません。

③子ども自身が予想したことを解決しようとする姿を追う

　子どもが予想や仮説をもつことができたら，それを基に解決の方法を発想する活動をつくります。そのとき，教師はより妥当な解決方法を見いだす子どもの姿を見取るようにしていきます。

　子ども自身が予想したことを解決しようとする姿を追うために，班を再編し，同じ予想をもった子ども同士で話し合える環境をつくることも考えられます。

　第5学年では「条件制御」という考え方を働かせながら，観察，実験の手段を構想します。ここでは，子どものノートの記述のみならず，発言，行動から見取り評価，即時フィードバックが求められます。

（三井　寿哉）

40

使用場面：授業中

見取り（評価）

観察，実験中に見取るスキル

> **POINT**
> ❶子どもの活動の様子に注意して技能を評価する
> ❷子どもの視線，動き，つぶやきに注目する
> ❸授業後に集めたノートで，時間をかけて見取る

　目的に沿って子どもが観察，実験を行えているかを見取ることは，ノート記録からではなかなか読み取ることができません。教師は観察，実験の評価の観点を明確にしながら，子どもの動きやつぶやきを拾っていくようにします。

①子どもの活動の様子に注意して技能を評価する

　まず，教師は，子どもが予想したことを解決できる観察，実験の活動となるように授業を組み立てていきます。子どもたちが構想した検証方法をできるだけ保障し，自分たちで必要な用具を準備し，主体的に追究しようとする姿を支援していきます。

　適切な器具を選んでいるか，また，適切な操作ができているか，安全に気を付けて観察，実験を行っているかなど，教師は班ごとの子どもの活動の様子に注意して観察，実験の技能を評価していくことが大切です。一人一人が観察，実験に取り組む際には，意欲的な追究活動となっているかを見取ることができます。

　班ごとに活動する観察，実験の中で傍観者となってしまう子どもが見られます。教師は一人一人が意欲的に取り組めるよう役割を振り分けてあげ，そ

こから活動の様子を見取るようにします。

②子どもの視線，動き，つぶやきに注目する

　観察，実験中は，子どもが何に疑問をもち，何に注目しているかを見取るとよいでしょう。昆虫の観察を行うとき，ぼんやりと虫を眺めているのは観察とは言えません。昆虫の何について調べるのかを明確にし，視点をもって諸感覚を働かせながら観察する様子を見取っていきます。

　教師は，子どもができるだけ複数の事実を見つけだそうとする姿や，実験の結果の信頼性を高めるために活動を振り返る姿を追っていきます。

　活動中に子どもが発する言葉やつぶやきにも注目しましょう。求めていた結果が現れたときの喜びの声や，仮説と違った結果になったときの疑問やつぶやきから，学習意欲を見取ることができます。また，子ども同士が結果の妥当性について話し合ったり，自然事象とモデルを往還しながら語り合ったりする姿は，見直しが図られ，「思考，判断，表現」として見取ることができます。このとき，話し合ったことを，ノートに記録するように促すとよいでしょう。

③授業後に集めたノートで，時間をかけて見取る

　観察，実験の結果が事実として的確に記録できているかは，授業後に集めたノートで，時間をかけて見取ることができます。観察，実験の手順や方法，そして，観察，実験の結果が適切に記録されているかどうかを評価します。

　ここでは，子どもが導きだした結果はすべて事実として捉え，整理して記録しているか，後に考察しやすい記録になっているかを見取り，個々にコメントを残してあげることも考えられます。

（三井　寿哉）

41 観察，実験後に見取るスキル

使用場面：授業中　　　　　　　　　　　　　　見取り（評価）

POINT
❶思考の変容を読み取る
❷始めの疑問や問題に立ち返りながら考えているか見取る
❸結論を記述する活動時間をしっかりと設ける

　子どもは観察，実験の結果を基にしながら，そこから解釈し，結論につながる活動場面を展開します。これまでの授業で進めてきた問題解決の思考の流れのゴールにつながるよう，話し合う観点，記述の仕方が大切になります。

①思考の変容を読み取る

　観察，実験の結果は，先にも述べたように「事実」です。そこから子どもが考察として考えられることが「解釈」です。しかし，子どもの記述を見ると，結果と自分の考えを混ぜて書かれているものがあります。それでは事実と解釈が読み取れません。教師は考察を行う授業の場面において，事実と解釈を分けて記録する指導が大切です。

　そして，教師は，子どもの予想が，結果を基に妥当であったか，そうでなかったかについて考えられている思考の変容を読み取るようにします。

　前者の場合，「予想した通りだった！」という満足感では考察になりません。より妥当な考えをつくりだせるように，他者の結果を共有しながら考えを深めたり，多面的に考えたりという理科の考え方を働かせている姿を称賛していくようにします。

　後者の場合，なぜ妥当性が得られなかったのかを振り返る活動が求められ

ます。これまで予想していた考えを変えるのか，それとも検証方法に問題があるのかを他の結果と比べながら考える過程を見守ります。

教師は班で話し合う様子や，全体で考えを発表する様子を大事にしていきます。さらに，友達の発表を聞いて自分の考えに自信がもてたり，更新したりしていく変容の姿を，授業後のノート記述から判断していくこともできます。

②始めの疑問や問題に立ち返りながら考えているか見取る

結論の導出は，問題解決の力を育てる一番大切なプロセスです。教師は，子どもの素朴概念をより科学的なものに更新できるように，適切な支援を行う必要があります。

このとき，教師が見取るべきポイントは，子どもが始めに描いた疑問や問題に立ち返りながら考えているかということです。子どもが話し合いを通して結論文に修正を加えながら，学級として一つの結論が導出できるよう教師は支援していきます。

③結論を記述する活動時間をしっかりと設ける

限られた子どもたちだけで結論に向けた話し合いが進むことがあります。そして，発言に参加していない子どもは，板書にまとめられた結論文をノートに書き写すだけという光景も見受けられます。このような活動では，問題解決としての思考の深まりは見取ることができません。まずは一人一人が結果から考察したことを基に結論を記述する活動時間をしっかりと設けることが大切です。

挙手して発言しない子どもでも，話し合いの内容から自分の描いた結論を見直し，自身で修正を加えていく過程をノートから読み取ることができます。教師は問題が解決した授業後にノートを集め，子どもの思考の流れを確認しましょう。

（三井　寿哉）

42

使用場面：授業後　　　　　　　　　　　　　　　　見取り（評価）

授業以外で見取るスキル

POINT
❶ 学習後も追究する姿を称賛する
❷ 理科好きな子どもを大事にしていく

　授業後や単元末の子どもの様子からも，様々な観点で評価することができます。理科の授業を通して，基礎的・基本的な知識を着実に習得しながら，既存の知識と関連付けたり組み合わせたりしていくことにより，学習内容の深まりや，子ども自身の知識の定着を見取ることができます。また，社会における様々な場面で学び得たことを，活用できる知識として身に付けていく様子を追うことも大切です。

　理科で習得した知識や技能は，理科の授業の中のみで扱われるものと考えている子どもがいるようです。学んだことが生活と関連付けられ，さらに，社会の中で生きて働く知識や技能であることを学習後に意識付けさせていく必要があります。

①学習後も追究する姿を称賛する

　学習後，子どもにこれまでの学習を振り返るための感想を書く機会を設けましょう。授業で行わずとも，日記などで書かせることも可能です。

　自分の学びを振り返り，授業を通して子ども自身が成長（何を知り，何ができるようになったか）を自覚する姿や，導出した結論を既習の内容や生活経験と関連させる姿，もっと調べたり考えたりしてみたいという追究する姿を感想の内容から読み取り，称賛することで，子どもの学びに向かう力，人

間性を高めることに大きくつながります。

　例えば，第４学年「金属，水，空気と温度」の温まり方の違いの学習後に，フライパンの持ち手が木で覆われている理由が授業で獲得した知識を生かしながら科学的に説明できるようになったり，第６学年「水溶液の性質」の学習後に，これまで何も気にせず口にしてきた飲み物には何が溶けているかを考えてみたりする行動や新しい発想を評価してあげましょう。

　記述から得た子どもの考えは，学級の場で発表してあげることにより，変容した姿を周囲に広めることができます。

②理科好きな子どもを大事にしていく

　理科の授業は，自然事象という不変の真理を対象にしながら，自身で感じ得た疑問や問題に対してどのように解決していくかという「調べ方」「表現の仕方」を学ぶ教科でもあります。また，自然の美しさや神秘さを味わい，未知との出会いに子どもの心を惹きつけられる教材の魅力があります。

　理科の観察，実験から得られた結論で満足せず，さらに問い続ける子どもの姿を応援してあげる教師でありたいと願います。

　理科の授業を楽しみにしている子どもは多いです。しかし，楽しい活動だけでは身に付けたい資質・能力が身に付きません。理科で学び得た資質・能力を，学校生活の様々な場面で生かし，自然を愛する心情や科学的に解決する子どもの姿が見られることを期待しています。年間の理科の学習を通して，生活と科学が結び付き，物の見え方が変わる理科好きな子どもの姿を大事にしていける教師を目指してください。

（三井　寿哉）

43 導入で、子どもの興味・関心を高めるスキル

使用場面：授業中　自然事象に対する気付き　　ＩＣＴ機器の活用

POINT
❶タブレットＰＣを活用して，生き物を観察する
❷星座アプリを活用して，星座を観察する

　自然事象には静止しているものばかりではなく，時間経過とともに動きを伴うものが少なくありません。また，動きを伴うものの観察の際には，意図した動きが見られたり，必要な情報が得られたりするとも限りません。このように動きを伴うものの観察には，ＩＣＴ機器の活用が有効です。
　ただし，理科における観察の基本は，本物を自分の目で見るという原則をふまえたうえでこの実践を参考にしてください。

①タブレットＰＣを活用して，生き物を観察する

　第３学年「身の回りの生物」の学習では，チョウの幼虫を観察する場面があります。ここで，タブレットＰＣの動画撮影機能を使う２つのよさについて説明します。１つ目は，どうしても虫に対して拒否反応を示す子どもへの対応です。その子どもに，「タブレットで動画撮影してそれを観察してごらん」と言ったところ，「それならできる」ということだったので，実際に取り組ませました。すると，動画による間接的な観察が心理的なクッションとなり，虫への苦手意識を軽減することにつながりました。その結果，じっくり観察するようになりました。２つ目は，タブレットＰＣで撮影した動画だと，自分の止めたいところで止めて，そして拡大することができることです。観察の対象は動くので，自分が思うような観察ができない場合が

あります。3年生の子どもの実態を考えると，理科を学び始めたばかりという状況なので，観察を行いやすくし，発見する喜びを味わわせるということも工夫の一つです。タブレットPCを活用すると自分が観察したいところを意図的に観察することができます。「あしに爪のようなものが付いていて，ひっかけているようだ」と，虫眼鏡の拡大くらいでは見ることができないところまで発見することができ，主体的に関わっていこうとする姿になります。

②星座アプリを活用して，星座を観察する

　第4学年「月と星」の学習では，授業時間の中で実際の夜空を観察することは難しいです。そこで，星座アプリの活用方法を紹介します。

①学習中に星座を見せる場合

　時間と場所を設定すると，その時間その場所で見ることができる星座を表示するアプリです。それを活用して，今日家に帰ったときにどのような星座が見られるかを確認して，家に帰ってからの活動の補助をします。また，19時と20時の様子を見せておくことで，時間が変わると，星は動くのかなと疑問が生じ，主体的な家での観察につなげることができます。

②夜空の観察会を開く場合

　実際の星を見ることは大切です。星を見ながら星や星座についての説明を聞くだけでも興味・関心を高めることにつながります。単元の学習に入る前に保護者との参加を条件に観察会を開くことも考えられます。導入前にある程度の星の観察の仕方や星座の知識を確認しておくことで，興味がわきます。

　また，先ほどの星座アプリを保護者にダウンロードしてもらうことで，その後子どもが自分で観察するときにも観察会での学びを活用していくことができます。実際に観察しているときには，星座アプリを活用します。夜空に向けるだけで，星座の名前を示してくれます。自分で星座の名前などを気付いていくことができるので，星を苦手とする教師にも実施することができます。

（山本　浩貴）

使用場面：授業中　予想や仮説の設定　　　　ＩＣＴ機器の活用

子ども一人の考えを学級全体に広げるスキル

POINT
❶ＴＶ番組を活用する
❷タブレットＰＣなどの機能を活用する

　自分の予想に根拠やこだわりをもつことで，子どもは人に伝えたいと考えます。しかし，予想を何となく立ててしまうことはよくあるかもしれません。何となくの予想では，人に伝えたいとは思えません。そこで人に伝えたいと思わせるために，POINT ①でのＩＣＴ機器の活用は，学校放送番組としました。様々な学校放送番組が考えられますが，今回は NHK for School の「ふしぎエンドレス」を活用して予想の立て方について紹介します。POINT ②でのＩＣＴ機器の活用は，タブレット PC のカメラ機能を活用して子どものプリントを撮影して大画面に写し，学級全体に広げる方法と意義について紹介します。

①ＴＶ番組を活用する

　例えば，第４学年「月と星」の学習では，「夏の大三角が時間によって移動しているのはなぜだろうか」という問題を見いだし，各自で予想した後に，この番組（10分）を視聴します。
　番組の前半には，問題づくりまでの過程や実験や観察での条件制御の大切さや条件制御の仕方について触れられているので，これから自分たちが行う実験や観察のよさや改善点を確認することができます。
　後半には，日本全国の小学校の児童（番組によって出演する小学校は違い

ます)が,その問題についての自分の考えを絵や言葉で示しながら理由を説明しています。この場面で出されている予想は,根拠やこだわりをもって説明している子どもが取り上げられているので,番組を視聴した子どもにとって,予想を根拠をもって説明するための参考になります。

自分の考えを学級に広げるためには,根拠やこだわりのある予想をもつことが大切です。何となくの予想では,発表したり,説明したりしようとはしません。

この番組を視聴することで,教室では出なかった予想に触れ,自分たちの予想と比較・検討することができ,根拠のある予想を発想する力を育てることにつながります。

また,予想が苦手な子どもは,この番組を視聴することで,様々な予想や理由の説明の仕方に触れることで,根拠をもった予想の立て方を身に付けることにもつながります。こうした支援を地道に続けていくことが大切です。

②タブレットPCなどの機能を活用する

POINT①で考えた子どもの個々の予想を,全体で共有するためには,見やすく,大きくなければなりません。いちいち黒板に書いていると,時間がかかります。子どもにとって何もすることがない時間があると,教室がザワザワしてきます。授業の流れにリズムやテンポを付けることは,教師として気を遣わなくてはいけないことです。つまり間の取り方が大切ということです。

そこで,机間指導中に子どもが考え,まとめたプリントを画像として保存していきます。そして,子どもの発表に合わせて,大きく映し出していきます。

(山本 浩貴)

ICT機器の活用

使用場面：授業中　観察，実験の実施

動画を活用するスキル

POINT
❶見る範囲が広い場合にICTを活用する
❷予想と反する場合にICTを活用する

　実験を行うと，毎回ほぼ同じような結果が出るのが理想です。しかし，思い通りにならない場合もあります。結果が一過性のものです。例えば，第5学年「流れる水の働きと土地の変化」や第4学年「金属，水，空気と温度」などです。何度も実験することで混乱するような場合は，実験を動画で撮影してその動画を基にして事実を把握することも考えられます。

①見る範囲が広い場合にICTを活用する

　第5学年「流れる水の働きと土地の変化」では，「流れる水には，どのような働きがあるのだろうか」という問題で実験を行いました。流れる水の作用である「侵食」「運搬」「堆積」に気付きますが，部分によって働きが違います。どの部分を見るかによって，気付きも変わってきます。また，全体をぼやっと見ていても，気付きません。そこで，タブレットPCの動画撮影機能を活用して実験の様子を撮影します。撮影したものをグループで観察して気付いたことを出し合います。

そのときに自分の観察になかった視点に気付き，深い理解につながります。また，動画で撮影が未熟さゆえに見にくい部分があり，追実験を行う場合も考えられます。そのときの子どもの視点は「この部分が見たい」とはっきりとした目的意識があるので１度目の実験とは見る意識や見る視点が違います。さらに，水の量を変えた場合も別のタブレットＰＣで撮影し，別のタブレットＰＣ２台を並べて同時再生することで違いを発見しやすくなります。事実を把握するうえでのＩＣＴ機器の活用は大変有効です。

②予想と反する場合にＩＣＴを活用する

　第４学年「金属，水，空気と温度」の学習では，「水はどのように温まるのだろうか」という問題で，実験を行いました。子どもの予想は，「金属と同じように下から温まる」と「上から温まる」です。実際にビーカーの中に水を入れて示温インクを溶かし，実験をすると，熱を加えた部分が上方に移動して全体が温まる様子がわかります。

　示温インクを使用した実験では，短時間で色が変わっていきます。しかし，下から温まると思い，下ばかり見ている子どもがいる場合があります。自分が予想していたことと違った結果になった場合，こだわりのある予想をしていた子どもの中には，すぐに実験の結果を納得できない場合があります。

　そこで，タブレットＰＣの動画撮影機能を活用して実験の様子を撮影します。撮影したものをグループで観察して気付いたことを出し合います。

　予想と反する場合でも，何度も撮影した実験を確認することで，客観的に事実を見つけようとする姿勢が育ってきます。

（山本　浩貴）

46 考察しやすいように結果を整理するスキル

使用場面：授業中　結果の整理

ICT機器の活用

POINT
❶観察期間が長い場合の記録は画像を残して観察する
❷インターバル撮影機能を使って観察する

　結果を整理する場面でICT機器を活用するよさがある単元は，長い時間をかけて観察する場合や，学習時間内に変化していることをなかなか観察することができない場合が考えられます。

　そこで，意図的に画像に記録することや観察することができない時間に撮影する道具，連続的に撮影するとよい単元について紹介します。

①観察期間が長い場合の記録は画像を残して観察する

　第4学年「季節と生物」で，1年間で1本の木の季節の違いについて観察していくことがあります。各自がスケッチを残していくのはもちろんのこと，1年という長い期間の観察なので画像に残しておくことも必要です。

　撮影するときのポイントとして，木全体の様子や季節の特徴（春であれば花，夏であれば葉など）を記録しておくことと，できるだけ同じ場所で同じ部分を記録しておくことです。

　季節が変わるときに「春の木」と「夏の木」を比較すると自分たちで記録したスケッチだと物足りないことに気付きます。そこで撮影した画像を子どもに渡すと，様々な違いに気付きます。それと同時に，自分たちのスケッチの物足りなさに気付いた子どもは，次の観察のときにどのようなことを記録していけばよいかを自分で気付くことができます。つまり，次の観察時のス

ケッチの視点の質が高くなります。

②インターバル撮影機能を使って観察する

　第4学年「季節と生物」の学習で，ヘチマを育て季節によってどのように変化していくかを調べる学習があります。

　毎日のようにスケッチをすることは，なかなか難しいのが現実です。そこで，定点観測用カメラやインターバルレコーダーなどを活用してヘチマの茎が伸びていく様子やヘチマの実や葉が大きくなっていく様子を記録していくことで，大きくなっていく様子が早送りの動画として見ることができます。

〈出典〉「Brinno タイムラプスカメラ BCC100」

　考察するための1つの記録として扱うことで，普段見ることができない部分の観察を行うことができ，成長の様子を連続的に考えることにつながります。

　普段，なかなか観察ができず，連続的に動画のように見ることに適している対象としては，第3学年「身の回りの生物」の学習で幼虫からさなぎになるときの様子や，第5学年「天気の変化」の学習で雲の動きの様子などが考えられます。

（山本　浩貴）

47 下見して, 危険個所を把握するスキル

使用場面：授業前　　　　　　　　　　　　　　　　　　安全指導

POINT
❶学習する場所で危険な生き物を把握する
❷観察，実験する際の安全上の配慮について把握する

　理科の学習において，校庭や学校外で活動を行うことがあります。その際には必ず下見をしましょう。観察，実験を行うのか対象の確認を行うことも大切ですが，安全上の確認を行うことも重要です。

❶学習する場所で危険な生き物を確認する

　校庭や校外学習で外へ出て子どもに観察，実験を行わせるときに危険な生き物について把握しましょう。校庭や学級園，学校外の自然公園などを下見したときに，観察対象となる植物や昆虫，また河川や露頭（地層や岩石が露出している場所）などがどこにあるかを確認します。観察対象物の周りに危険な生き物がいないか，確認をしましょう。

スズメバチ

チャドクガ

マムシ，ハブなど

ヒキガエルなど

ツタウルシ，ウルシなど　　　　　ハギ，ススキなど

〈出典〉マムシ，スズメバチ…「写真AC」，チャドクガ…「MiraiS　害虫獣実写フリー素材」，ヒキガエル…Photo by (c) Tomo.Yun http://www.yunphoto.net

②観察，実験する際の安全上の配慮について把握する

観察，実験を行う際に子どもは集中して周りの危険に気付きにくくなります。前もって指導できるように，下見で確認をしましょう。観察対象物の周りに右のような入ってはいけない場所や崖など近付くと危険な個所の確認をしましょう。

①雨天時（荒天時）の避難場所の把握

急な天候の変化や雷などによって避難を行う場合があるので，どこに避難をすればよいか確認をしたり，許可を申請したりしておく必要があります。申請する場合には，下見に行く前に連絡しておきましょう。

②動物と触れ合う体験の場合，動物アレルギーを把握

第4学年「人の体のつくりと運動」で動物の体のつくりや動きを観察するためにウサギやニワトリなどの動物に触れたり，第3学年「身の回りの生物」などで野外の昆虫を観察したりするときがあります。その際には，子どものアレルギーを把握しておき，下見を行う前後で，学習中にどのような配慮を行うか子どもや保護者と相談しておきましょう。

③特別な支援を要する子どもへの配慮

車いすなどで学習を行う子どもに対して，移動する際の経路や観察，実験を行う場所で危険がないか下見をして把握しておきましょう。　　　（蒲生　友作）

48 理科室で観察，実験をする際の注意を促すスキル

使用場面：授業中　観察，実験の実施

安全指導

POINT
1. 実験器具の使い方をカードで確認する
2. グループごとに実験器具ボックスに入れるようにする
3. 実験を行う際の注意を子どもが互いに行う

　理科室で観察，実験を行う際には正しく実験器具を扱うことや，扱う前後で器具の管理について安全に配慮をしておくことが大切です。また，第4学年以降，火を扱う実験などグループで活動を行う際には，注意を互いにできるようにすることで危険が少なくなります。

①実験器具の使い方をカードで確認する

　気体検知管や顕微鏡などの使い方を事前にワークシートを使って学ぶことで正しく観察，実験を行い，安全に気を付けることができます。酸素の気体検知管は使用後に熱くなったり，顕微鏡では対物レンズがプレパラートに近付きすぎて割れて飛び散ったり危険なことがあります。観察，実験のときもラミネートをしたカードを見ながら活動することで正しく扱い，安全に気を付けることができます。電気回路のショート回路などもカードを見ながら実験を行うとよいでしょう。順番や図で説明することで，ユニバーサルデザインに沿った指導も行うことができます。

気体検知管の使い方
1. 気体検知管の先を折り，ゴムカバーを付ける。
2. 気体採取器に矢印の向きに気を付けて差し込む。

3. ハンドルを引いて，しばらく待つ。
4. 目盛りを読み取る。

②グループごとに実験器具ボックスに入れるようにする

グループごとに実験器具ボックスに器具を入れていくことで安全に持ち運びができます。また，気体検知管やビーカーなど破損する可能性がある器具については教師の机に準備をしておき，ボックスに入れるとよいです。

実験を行う際には実験器具ボックスから器具を取り出し扱い，終わったらボックスに入れることで，どこに置いたらよいかわからなくなるという心配もなくなり，置き場所に困らず使用後も安全です。

③実験を行う際の注意を子どもが互いに行う

第4学年以降，火を扱う実験など4人程度の少人数グループで実験を行うことが増えてきます。そのときに，互いに注意を払いながら実験を進めることで危険が少なくなります。

まず，実験の役割を決めることで危険を把握することができます。例えば，第4学年「金属，水，空気と温度」で水を沸騰させる実験では，温度を記録する役割，時間を測る役割，火を管理する役割など明確にすることで責任をもって実験に参加し，安全に配慮することができます。

実験器具の確認の他に髪や服装，起立をして活動できるようグループ内で確認をとらせましょう。ただし，けがや車いすなど座って実験をする場合には，危険時に後ろに回避できる空間を確認してから実験を行うようにしましょう。また，薬品がついた場合やけがをした際の，連絡や対処の仕方を理解させておくとよいです。

（蒲生　友作）

49 野外で観察，実験をする際の注意を促すスキル

使用場面：授業中　観察，実験の実施

安全指導

POINT
- ❶野外で活動する際の計画をする
- ❷観察個所での安全を確保して活動する

　野外で観察，実験を行う場合には，計画と現地での安全を確保しながら活動を行うことが大切となります。計画の段階では教師が教えることを伝えて，活動によっては子どもに考えさせるとよいでしょう。実際に野外で観察，実験を行う際には，安全を確保することを自分で確かめさせて取り組むようにしましょう。

①野外で活動する際の計画をする

　野外で実験，観察を行う際に準備するものを把握しましょう。

　例えば，第６学年「土地のつくりと変化」の学習では，岩石や地層の見える露頭に見学に行くことがあります。そのときには，長袖，長ズボンなどの安全な服装の他にも岩石サンプルを採取する場合には保護メガネが必要なことなども指導しましょう。

　高所にある鳥の巣や生き物などを観察する場合には，理科室や学校にあるものを使って安全に観察する方法を子どもが考えて

計画をしましょう。例えば，長い棒を取り付けたカメラで記録したり，自動記録のカメラを設置して定期的に記録をして観察をしたり，安全に観察を行うことを第一に考えさせましょう。このときに，自然を愛する心情についても涵養していけるようにしましょう。

②観察個所での安全を確保して活動する

　自然公園や川原などで観察をする際に，活動場所を把握して活動しましょう。教師の目の届かないところへ行かないように，木や岩場などを目印にして活動範囲を定めると，活動場所が明確になり，子どもの行動もわかりやすくなります。下見をしてわかりやすい目印がなかった場合は，旗やコーン，傘などを持っていきましょう。

　観察をする自分の場所は安全かどうか確かめさせてから活動しましょう。危険な生き物などについてカードを用いて確認したり，尖った大きな石や木材などがないか，大きな段差はないか確認したりして安全を自分で確かめるようにしましょう。

（蒲生　友作）

〈出典〉マムシ，スズメバチ…「写真AC」

50 後片付けを適切にできるようにするスキル

使用場面：授業後　　　　　　　　　　　　　　安全指導

POINT
❶後片付けの仕方をカードにする
❷役割を明確にして後片付けをする

　後片付けはわかりやすく提示することが大切となります。片付け方をカードにして視覚的に捉えさせたり，薬品や扱った物の処理をする場所に大きな目印を付けたりしましょう。また，片付けの役割をグループ内で明確にすることにより，一人一人が責任感をもって，安全に片付けるようにしましょう。

①後片付けの仕方をカードにする

　試験管などのガラス器具の洗い方や顕微鏡のしまい方など，絵を用いたカードでわかりやすく指導しましょう。そのときに，実際に教師が演示することも大切です。

試験管の洗い方

顕微鏡のしまい方

顕微鏡と箱の番号をそろえてしまいます。

必ず箱の下を持って棚にしまいましょう。

　ゴミの分別や使用した薬品を入れる場所などをわかりやすく掲示しておきましょう。特に薬品は混ぜると危険なことがあることを伝えて正確に片付け

させましょう。普段からゴミ箱や実験器具の棚などにイラストや目立つフォントを使って掲示しておくと，自然と子どもも片付ける場所を理解して，安全に配慮して片付けるようになります。

②役割を明確にして後片付けをする

グループで実験を行った後に，座席表を活用して後片付けの役割を明確にすることで，安全に配慮した後片付けを意識することができます。

例えば，右のように座席によって番号を決めておき，1番の席の子どもはビーカーを洗い，2番の席の子どもはガスコンロの後片付けをして，3番と4番は実験ボックスの器具の片付け，5番の席の子どもは机の水ぶきとゴミすてなど役割を明確にして活動させることで危険が少なくなります。なぜなら，自分が後片付けを行う手順を POINT ①で示したようにカードで確かめることで，責任感をもって活動し，安全に後片付けをさせることができます。

また，実験ごとに役割を変えて後片付けを行わせることで，実験器具の後片付けの方法も身に付けることができます。

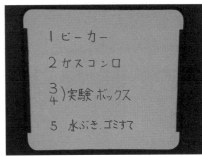

（蒲生　友作）

51 興味・関心を高める掲示，展示をするスキル

使用場面：授業前　　　　　　　　　　　　理科室経営

POINT
❶ 子どもが見いだした問題を掲示する
❷ いつでも手に取って確かめられるように展示する

　子どもたちにとって魅力的な理科室とはどのようなものでしょう。入学して間もない１年生の子どもから「理科室の骸骨って夜になると動くんでしょ。先生，見たことあるの!?」と真剣なまなざしで問われたことがあります。思わず微笑んでしまうこの問いかけから「理科室に行くと面白いものに出合えそう！」という期待の高さがうかがえませんか。一方，教師にとってはどうでしょう。理科室経営となると「任されるのはちょっと…」と思われる方もいらっしゃるのではないでしょうか。未知数の期待を抱いてくれている子どもたちに応えるため，理科好きの子どもたちをはぐくんでいくためにも，よりよく学べる理科室にすることは教師の大きな役割となります。

① 子どもが見いだした問題を掲示する

　理科は，子どもが自然事象に主体的に関わり，そこから問題を見いだすことから始まります。そして，見いだした問題を自分たちの手で解決していき，自然事象についての考えを更新していきます。時には解決していく過程の中で「だったらこれは」と新たな問題が見いだされ，さらなる問題解決に取り組んでいくような素敵な子どもの姿に出会えることもあります。

　このような学習の流れの中で大切にしたいことは，一人一人の子どもが見いだした問題を「自分の問題！」と明確に意識しながら学習に臨める環境を

つくることです。

　そのために，子どもたちが見いだした問題を，常に目に見えるように掲示することが手立ての一つとなります。こうすることにより，自分が見いだした問題が学級全体の学習の中のどこに位置付いているのかを子ども自身が

把握することができます。その結果，関心・意欲は必然的に高まり，目的意識をもって主体的に学ぼうとする姿につながっていきます。

②いつでも手に取って確かめられるように展示する

　理科室での学習は「安全第一」が基本です。どんなにすばらしい学習を展開できたとしても，子どもがけがをしてしまっては意味をなしません。ですから，安全面への配慮，整理整頓を十分に行う必要があります。しかし，子どもから実験器具や模型などを遠ざけてしまってはいけません。

　ご自身の小学校時代を思い出してみてください。顕微鏡をいつでも手に取ることができましたか。疑問が生じたとき，すぐに模型や標本を手に取って確かめることができましたか。きっと多くの学校では厳重なケースや箱の中に"眠らされて"いたはずです。これで

は子どもが自らやってみようとはなかなか思えません。確かに，理科室には高価なものもあります。学校によっては，「正直難しい…」という場合もあるでしょう。ですが，子どもたちと約束を共有したうえで，まず一つから始めてみませんか。どうしても心配な場合は，購入年数が古い物から子どもたちの傍に置いてあげてください。"眠り"から目覚めた実験器具たちは，きっと子どもたちの興味・関心を高め，主体的に学ぼうとする姿を生み出してくれるはずです。

（下吉　美香）

52 学びの足跡がわかるような掲示をするスキル

使用場面：授業前　　　　　　　　　　　　　　理科室経営

POINT
❶考えている立場がわかる掲示をする
❷学びを振り返ることができる掲示をする

　どの教科の学習においても，前時の学習があって本時の学習があります。そして，本時で学んだことを踏まえて次時の学習へとつなげていきます。つまり，子どもたちの学びには足跡があるのです。この学びの足跡を手がかりに，さらなる学びへとつなげていけるような環境づくりが大切になります。

①考えている立場がわかる掲示をする

　理科では，子どもたちが見いだした問題に対し，一人一人がしっかりと予想や仮説を発想し，自分の言葉で伝えることを大切にしています。同じ自然事象を見ていても，生活経験や既有知識を基に発想していくため，必然的に予想や仮説に違いが生じてきます。この違いが生じてくるところに，ともに理科を学ぶことの面白さがあります。当然のことながら，違いの中には子どもなりの根拠があります。中には誰も思い付きもしなかった視点から発想する子どももいます。「ああ，なるほど。そんなふうに考えると，僕が考えた仮説は違うかも…」「○○君が言っていたことから考えると，やっぱり変化すると思う」などと，対話しながら解決に向かおうとする子どもたちの姿は素敵ですよね。なぜそう思うのか，何を基に考えたのかという子ども一人一人が考えている立場を明確にした予想や仮説の共有が，学びを深めていく大きな一歩となることは言うまでもありません。子どもの中には聴覚的に学び

を得やすい場合と視覚的に学びを得やすい場合とがあります。大人でも歴史や漢字を"替え歌にして覚えた派"と"書いて覚えた派"などがありますよね。そこで，発言に

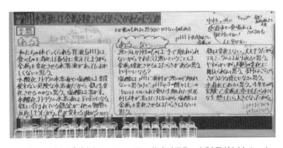

よる共有だけではなく，子ども一人一人が考えている"立場"が視覚的にわかるような掲示をしていくことが，手立ての一つとなっていきます。

②学びを振り返ることができる掲示をする

予想や仮説を共有した後は，いよいよ観察，実験などによる検証に取り組むことになります。できるだけ多くの結果を基に考察，結論と学習を進めていきます。その際大

切にしたいことは，子どもたちが観察，実験などで得た結果を視覚的に残していくことです。右上の写真は，リトマス紙を用いて食塩水，炭酸水，塩酸，水酸化ナトリウム水溶液，石灰水の5つの水溶液の液性を調べたときのものです。ここでは一人一実験で取り組んだため，名簿を拡大コピーしてデータを記入する表とし，一人一人が確かめた結果を赤・青のシールで示すようにしました。すると一目瞭然。結果をクラスの仲間と共有しやすく，多くの結果を基に「やっぱりそうなんだ！」という確信を得られるものとなりました。他の実験においても，子ども自身が書き記したものを残しておくことで，実験に対する責任感が芽生えます。そして，「この間の実験では，○○だったから…」と，学んできた足跡を振り返りながら新たな問題の予想や仮説の発想に取り組もうとする姿が見られるようになってきます。

（下吉　美香）

理科室経営

53 安全に配慮した観察，実験の準備をするスキル

使用場面：授業中　観察，実験の実施

POINT
❶古い実験器具を廃棄する勇気をもつ
❷安全を守るためのものは少し多めに備えておく
❸実験器具の使い方をいつでも確認できる掲示をする

　理科室での学習は安全第一が基本です。どんなにすばらしい学習を展開できたとしても，子どもがけがをしてしまっては意味をなしません。ですから，安全面への配慮，整理整頓を十分に行う必要があります。また，学習内容に合うものを適切にそろえることも大切になります。

❶古い実験器具を廃棄する勇気をもつ

　「いったい，いつの実験器具なの？」「実験器具がバラバラで使いにくい」などと思ったことはありませんか。「今捨てるのはなあ…」「よくわからないからとりあえずこれで」などという教師の後ろ向きな心理や無計画性が生み出した結果と言えるのではないでしょうか。

　子どもたちの安全を確保するためには，適切な実験器具が必要です。特に，学習指導要領や教科書が改訂されたときが見直すタイミングとなります。古い実験器具は思わぬけがにつながることもあります。思いきって廃棄する"勇気"をもちましょう。安心してください。もちろん，管理職の先生方との最終的な相談は必要です。そして，実験器具が不ぞろいにならないよう，また，現行の学習に合ったものになるよう，様々な教材カタログから検討し，適切なものを計画的に買う"術"をもちましょう。

②安全を守るためのものは少し多めに備えておく

　子どもの安全を守るためのものと言うと何を思い出しますか。雑巾や安全眼鏡，ゴム手袋などが挙げられます。安全眼鏡にはサイズがあります。形状も様々です。子どもたちが一番使いやすいものを選びましょう。サイズが合わなかったり，着用していて

不快感を覚えたりするようなものは，大人も使いたくないものです。ゴム手袋にもサイズや厚さがあります。ゴム手袋は，湯を使う実験で用いることが多いため，子どもの手のサイズに合うできるだけ厚手のものを用意してあげたいですね。いつでも気持ちよく使えるよう，とっさの場合にも対応できるよう"少し多め"に備えておくと安心です。子ども自身が安全に気を付けて臨める環境を整えていきましょう。

③実験器具の使い方をいつでも確認できる掲示をする

　実験器具の使い方には，必ず手順や適切に使うためのこつがあります。子どもたちにも観察，実験を正確に行うための技能として，しっかり身に付けてもらいたいものです。ですが，何度も使用していなければ手順やこつを忘れてしまうこともあります。だからと言って，毎回教科書を確認しながら使うというのも「実験台の上を整理整頓して観察，実験しましょう」と子どもたちに伝えていることと相反し

ます。そこで取り組みたいことは，実験器具の使い方をいつでも確認することができる掲示をすることです。時には，各実験台にラミネートしたものを配付してもよいでしょう。子どもたちが困ったときにさっと確認できる環境をつくっていくことで，自ずと安全に気を付けて観察，実験を行おうとする姿が見られるようになってきます。

（下吉　美香）

54 どこに何があるかわかる 観察，実験の準備をするスキル

使用場面：授業中　観察，実験の実施

理科室経営

> **POINT**
> ❶実験器具と器具名が一致するようラベルを貼る
> ❷色をうまく活用して分類する

　子どもたちが主体的に学んでいくためには，子ども自身が理科室内のどこに何があるかわかっていることが大切です。使えるものがわかっているからこそ，見いだした問題を解決するための検証計画を立て，必要に応じて適切に実験器具を準備することができます。

①実験器具と器具名が一致するようラベルを貼る

　理科室には多くの実験器具が存在します。だからこそ，どこに何があるかわかるための工夫が必要になります。「この実験をするには，薬さじが必要だな」と思ったときにすぐに取り出せる，そんな理科室は素敵ですよね。

　まずは年度初めに教師自身が理科室探検を行うことです。このとき，古いものは捨て，学習指導要領の学習内容に合うものに買い替える計画を立てることもできます。また，「エネルギー」「粒子」「生命」「地球」といった領域ごと，もしくは  学年ごとなど使い勝手のよいように整理整頓し，実験器具と器具名とが一致するようにラベルを貼ることです。イメージとしては，まず，実験器具に「住所」を付ける。次に，どこに何があるか「表札」を付けて示すといった感じです。学校の実態に応じてラベルづくりに取り組んでみてください。

このとき大切なことは，一緒に取り組んでくれる仲間を募ることです。もしあなたが理科の担当に任命されたとして，一人で頑張ったとすると納得のいくものに仕上がるかもしれません。ですが，それでは多くの先生から理科室のことを把握するチャンスを奪ってしまうことになります。一人で背負わず計画的に職員作業を設定してもらうことや，場合によっては高学年の子どもたちの力を借りてもいいかもしれません。多くの力を集めてみんなで使うみんなの理科室にしていきましょう。

②色をうまく活用して分類する

　もう一つの工夫は，"色"をうまく活用して分類することです。例えば，第6学年「水溶液の性質」では人体に影響をもたらす危険性がある水溶液を扱うため，安全面への最大限の配慮が必要と

なってきます。どこに何があるか把握したうえで実験に臨まなくては事故につながる可能性もあります。そこで，同じ色のラベルを用いることをおすすめします。水溶液の取り違いを防ぐため，教師が希釈した水溶液をつくった段階から子どもたちへ手渡すまで同じ色のラベルを用います。ラベルには水溶液名も記述します。色だけで判断するのではなく，水溶液名を意識して実験に臨んでもらいたいからです。実験終了後の処理のことも考えると，はがしやすく粘着物ができるだけ残らないものを選びたいところです。おすすめはビニルテープです。ビニルテープの色は豊富で長さも自由に調節できます。いつでも使うことができるよう，理科室に常備しておきたい物品の一つです。

　さらには，板書も一工夫してみてください。ラベルに使った色と一致させて示すようにすることで，子どもたちの理解

を視覚的に助ける効果もあります。少しの工夫ですが，子どもたちの安全を確保し理解を深める大きな手立てとなります。

（下吉　美香）

55 ほしい小物をそろえた観察，実験の準備をするスキル

使用場面：授業中　観察，実験の実施

理科室経営

POINT
❶ほしい小物を自由に取り出せる環境をつくる
❷一人一実験を目指し，十分な数の小物を用意する

　実験器具の中で「駒込ピペット」が大好きな子どもと出会ったことがあります。"博士"になったような気分を味わえるからかもしれません。子どもたちにとって，理科の実験器具は魅力的なものです。そして，どの子どもも使いたいものです。当然子ども一人一人が使わなくては技能を習得することはできません。全員が使える環境や活動形態の工夫を行いたいところです。

①ほしい小物を自由に取り出せる環境をつくる

　「小物」と言うと，どのようなものが思い出されますか。薬さじ，ガラス棒，方位磁針，温度計など数多くのものがあります。これら小物の1つ1つは，観察，実験を効果的に進めるための大切な実験器具です。自分たちが見いだした問題に対し検証可能な方法を考える際，必要に応じて適切な実験器具をそろえられるような子どもたちの姿は素敵だと思いませんか。また，実行してみたところ，「同時にストップウォッチで計った方が効率よく実験を進められる」「ここに方位磁針を置いた方がもっとよく磁力の向きがわかるかもしれない」などと，自分たちで観察，実験の方法を工夫していく子どもの姿まで求めていきたいところです。

　そこで取り組みたいことは，小物棚を用意し，子どもがほしい小物を自由に取り出せる環境をつくることです。もちろん後片付けもきちんとできるよ

うに約束し，習慣付けていくことが大切です。このような環境をつくることで，子どもたちの発想は豊かになり，自分たちで観察，実験の方法を工夫しようとする姿が見られるようになります。「先生，これ使ってもいいですか？」という断りがなくては使えない環境ではなく，自分たちが必要だから使うというところがポイントです。

②一人一実験を目指し，十分な数の小物を用意する

前述したように，理科の実験器具はどの子どもも使いたいものです。と言っても，全員分用意することが難しいものもあります。ですが，"一人一実験"の活動形態を目指して用意することを意識したいところ

です。理科では実証性・再現性・客観性が求められます。だからこそ，子ども一人一人が実際にやってみることを大切にしていく必要があります。実際にやったからこそわかる，気付けることがあるはずです。小物は，そこまで高額なものではありません。可能な限り一人一人が主体的に臨める場の工夫をしましょう。"一人一実験"が難しければ"二人一実験"でも構いません。

例えば，気体検知管で気体の成分を測定する際は"二人一実験"の形態が有効です。協力して実験データを求めることができます。可能であれば二人とも実験できるだけの気体検知管を用意することが理想です。気体を採取し検知するまでの一連の操作は一人が行い，一人は万が一操作方法を間違ってしまいそうなときは声をかけるという約束を行えば，一人一人の技能が確実にアップするとともに，実験データ数も多くなります。つまり実証性・再現性・客観性の科学の基本にもつながります。子どもも大人もやってみなくちゃわからないはずです。子どもたちの主体的な追究のためにも，十分な数の小物が用意されている理科室を目指していきましょう。

（下吉　美香）

56 研修会に参加して力量を高めるスキル

使用場面：通年　　　基礎力

POINT
❶授業づくりのノウハウを学ぶ研修会に参加する
❷専門的な知識や技能を身に付ける研修会に参加する

　教育雑誌には，様々な地域の研究会や研修会の案内が掲載されています。各地域の教育委員会でも，教師の多様なニーズに応じた様々な研修会が実施されています。サークルや地域の研究団体が主催となり，観察，実験についての研修会が開催される場合もあります。

　雑誌やウェブページ，案内のチラシなどをこまめにチェックし，時間の許す限り積極的に参加するとよいでしょう。多くの知識や技能だけではなく，互いが刺激し合えるような研究の仲間を得ることができます。

①授業づくりのノウハウを学ぶ研修会に参加する

　授業づくりは奥深いものです。理科においても「子どもの問題解決」に加えて「教材化」「実験道具の扱い」「計測方法」「実験結果の記録」「安全指導」など，注目すべきことは様々です。そんな理科ならではの授業づくりのノウハウを学ぶことができる研修会を見つけたら，ぜひ参加するとよいでしょう。

　理科の特性は何と言っても，自然事象と向き合いながら科学的な概念を構築していくことです。実際に観察，実験を行いながら授業展開を考えていくことで，日常の授業がより実感を伴ったものになるでしょう。

　教育委員会や地域の理科教育団体などが主催する，理科授業づくりの研修

会には大きく2つのねらいがある場合が多いようです。実態に合わせて様々な研修に参加すると理解も深まります。

①**理科の教材化や授業展開に関する研修会**

　こちらは，若手や理科を苦手とする教師向けに研修が行われる場合が多いようです。観察，実験の方法や器具の扱い，教材化の視点などが研修の中心となります。新単元や久しぶりに担当することになった学年での授業づくりに取り組む際は大いに参考になることでしょう。

　教科書の実験をそのまま取り上げ，実験方法や発問を学べる研修もあります。教科書は，水を加熱する際のビーカーの大きさ一つとっても，実験時間，安全性，観察のしやすさなど，様々な視点で吟味が重ねられて掲載に至っています。そのような意味や注意点を学ぶことができるのも，このような研修の大きな利点です。

②**安全指導に関する研修会**

　経験を問わず常に意識し，最新の情報を知っておいた方がよいのが安全に関することです。加熱器具一つとっても，アルコールランプから実験用コンロへと中心が変わってきています。電源装置の利用も増えています。当然，安全指導においても新たに配慮しなくてはならないものが加わっています。研修に参加し，常に新しい知識を身に付けておく必要があるでしょう。

②専門的な知識や技能を身に付ける研修会に参加する

　化石や地層の専門家，トンボの専門家，植物の専門家，星の専門家など，理科に関する様々な専門家がいます。また，中学校の先生，高校の先生，はたまた実験教室や科学クラブの顧問の先生なども，高い専門性を身に付けている場合が多いものです。そんな先生から専門的な知識や技能を学ぶことができる研修会を見つけたら，ぜひ参加するとよいでしょう。

　自然事象への興味・関心が高まるとともに，その分野の基礎とも言える知識を獲得することができます。

（播磨　義幸）

57 教師自身が自然に親しむスキル

使用場面：通年　　　　　　　　　　　　　　　　基礎力

POINT
❶自然の生命に触れる
❷物の仕組みや自然の規則性をひも解く
❸新しい物を生み出す

　自然に働きかけ，美しいもの，未知なるもの，神秘的なものに心を動かす「センス・オブ・ワンダー」の感性を磨くのは，何と言っても体験です。教師自身もまた，意図的に体験を積み重ねながら感性を豊かに磨くことが重要です。では，この感性はどのような体験を積み重ねれば磨かれていくのでしょうか。そのヒントは「問題解決」にあると考えます。自ら対象に働きかけながら何かの仕組みを明らかにしたり新しい何かを創造したりする営みは「問題解決」そのものです。そのような体験を積み重ねることによって実感を伴った知が構築されるのは大人であっても同じです。

①自然の生命に触れる

　授業の事前準備のつもりで校舎の外に出たはずなのに，様々な発見に心動かすうちに，いつの間にか時間を忘れて野外活動そのものに夢中になってしまった経験はありませんか。「生命」に触れることは，感性を豊かにする最も効果的な体験であると考えます。例えば，刺されることに強い抵抗を感じるアシナガバチでさえ，屋外でチョウの幼虫にとびかかり，それを団子にしていく様子を目にしたならば，しばし時間と恐怖心を忘れてその不思議な光景にくぎ付けになることでしょう。

②物の仕組みや自然の規則性をひも解く

　この機械の中はどうなっているのだろう，と身近な道具を分解した経験はありませんか。子どものころ，知的好奇心を高めながら身の回りの物を分解した経験は忘れられないものです。結果としてしくみがわからなかったとしても，中を開いてみたときの驚きや感動は，強く感性をゆさぶります。

　例えば，身近なモーターを分解してみると，中には絹糸のような導線がぎっしり巻かれたコイルを見つけることができます。なるほど，これなら確かに巻き数を最大限にすることができるはずだと，その仕組みに納得してしまいます。光電池を使ったガーデン用の照明を分解すると，発電（光電池）変換（LED）蓄電（二次電池）の３つの部品が極めて単純なトランジスタ回路で結合されており，第６学年「電気の利用」の発展教材にも最適です。

　現在では100円ショップも増え，物のしくみを明らかにしようと分解してみる活動の敷居はずいぶん低くなっています。電気について学ぶ単元では，実際の生活にある道具の仕組みを，子どもの手で明らかにするような時間があってもよいのではないでしょうか。

③新しい物を生み出す

　理科の「ものづくり」という言葉は，制作活動や工作活動を通して作品を生み出す，という意味だけを表して使われているのではありません。自然の法則や規則性を生かして新しい仕組みや価値をつくりだしていくことを含めた「ものづくり」であるのです。

　自分で新しい物を生み出す創造的な取組は，１から100まですべてを新たな物でつくりあげるわけではありません。これまでにあるものや，これまでに知られているものを，組み合わせたり改良したり発想を変えて捉え直したりすることによって新しい物が生まれます。教師自身が試行錯誤の面白さを体験的に学んでいくことが大切でしょう。

　　　　　　　　　　　　　　　　　　　　　　　　　（播磨　義幸）

58 授業を見てもらい力量を高めるスキル

使用場面：通年　　　　　　　　　　　　　　　　　基礎力

POINT
❶校内の先生に見てもらう
❷他校の先生に見てもらう
❸他の地域の先生に見てもらう

　教材化，安全性，事象提示，予想や仮説，記録の様子，発言内容，まとめ方，板書，評価基準…など，同じ授業を参観しても，参会者の注目は様々な側面に向けられます。一方，授業者の意識は…と言いますと，授業づくりに没頭するほど，特定の視点にばかり注目してしまう場合が多くなります。

　授業を見てもらい，意見をもらうことで，それまではあまり意識を向けていなかった側面の重要性に改めて気付かされます。また，自分では見いだすことができなかった課題の改善方法が明らかになる場合もあります。話し合いにおいて，参会者の多様な意見に耳を傾ける経験を繰り返しながら，理科の授業についての見識が深まり，力量が高まっていくのです。

①校内の先生に見てもらう

　日常から接する機会の多い校内の先生に授業を見てもらうと，日常の先生と子どもの関わりに直結した授業の分析を聞くことができます。

・今日はあの子がこんなことを考えていたね。きっと普段の先生のこんな
　関わりが効果的だったのだろうね。　　　　　　　　　　　　　…など

---

②他校の先生に見てもらう

　研究団体やサークルでともに理科実践の研究に取り組んでいる他校の先生に授業を見てもらうと，自分たちが理科の授業づくりで大切にしている視点での客観的な授業の分析を聞くことができます。

> ・このような単元構成によって問題意識が生まれたのではないだろうか。
> ・ノートにこのようなことを書かせたことが効果的だったと思う。
> ・子どもでも扱いやすい教材化が非常に有効でした。　　　　　　…など

　互いに切磋琢磨する仲間だからこそ，理科観，授業観，子ども観を共有しながらそれらを深めていくことができるのです。

③他の地域の先生に見てもらう

　研究会などを通し，自分が普段接することの少ない他の市町村，さらには他の都道府県の先生に授業を見てもらうと，自分がそれまであまり意識を向けていなかった視点での授業の分析を聞くことができます。

> ・この点についてあまり詳しく触れられていませんが，どうなっていますか。
> ・私の地域ではこの点を重視していますが，こちらではいかがですか。
> 　　　　　　　　　　　　　　　　　　　　　　　　　　　　…など

　同じ理科の実践であっても，地域ごとにその特色は異なるものです。ゆえに，それぞれの地域で中心となって理科教育を推進している先生の意見を聞くことは，自分の理科観，授業観，子ども観を広げるきっかけとなるのです。

（播磨　義幸）

59 本を読んで力量を高めるスキル

使用場面：通年　　　　　　　　　　　　　　　　基礎力

POINT
1. 教育書・教育雑誌を読む
2. 自然に関する本を読む
3. 一般教養に関する本を読む

　大型の書店に行くと興味深い様々なタイトルについつい目移りし，かご一杯の書籍を持ってレジに並ぶことがあります。定期購読している雑誌が届くたびに新たな刺激を受け，授業づくりへの意欲を高めることもあります。

　本を読むことは，もちろん内容を通して確かな知識を身に付ける意義もありますが，それと同等に明日の実践に向かう新鮮な刺激を得ることができます。追究意欲を高めながら事象に向かい続ける子どもを育てるためには，教師自身が追究意欲を燃やし，日々の実践に取り組み続けることが大切です。

　ホームセンター，おもちゃ屋，100円ショップ，そして本屋。授業づくりのヒントを見つけたいときはたいていどこかに足を運んでいます。

① 教育書・教育雑誌を読む

　日本の教育や，各地域の教育をリードする著名な学者や教師の本を読むと，現状の教育課題や今後の方向性が明らかになってきます。また，具体的な授業づくりに関する書籍などは複数の教師が共著になっている場合も多く，巻末の著者一覧に目を通してみると，日本各地で理科教育を牽引する実践者の名前を知ることができます。

　様々な研究会の案内をこまめにチェックしていると，そのような著名人の

講演や授業公開の開催を見つけることができます。都合が合えば，ぜひ参加して，直に話を聞いたり授業参観したりすることをおすすめします。不思議なもので，同じ書籍でも書き手の話しぶりや仕草が頭に浮かぶようになると，解釈がいっそう深まるものです。

②自然に関する本を読む

　理科好きの子どもを育てたいと願う立場としては，自分自身もまた常に理科に関する興味・関心を高め，自然事象についてのアンテナを張り巡らせておきたいものです。

　自然に関する本は専門性が高くなるほど，その分野も多岐に渡ります。

　例えば，昆虫の生態に関する書籍を探しただけでもその数は驚くほどになり，さらに「アリ」や「ハチ」などと種類を絞り込んでも関連書籍は十数程度を軽く超えます。子ども向けの図鑑から専門的な学術書まで，興味の赴くまま読んでいきますと，いつの間にかその分野の本質的な事柄が浮き彫りになってきます。そのような発見の積み重ねが，実践づくりの重要なヒントになるのです。

③一般教養に関する本を読む

　一見して理科教育とはまったく関係のないような書籍であっても，読み深めてみると，明日の授業に直結するような内容と遭遇する場合があります。

　例えば，経営に関する書籍であっても，タイトルに惹かれてざっと目次を斜め読みしてみると，子どもの興味・関心を引き出すきっかけや提案性のある授業づくりのヒントを見つけられる場合があります。さらに，レジの前に平積みされたその時々のトレンド書籍の中には，これからの理科教育の方向性を考えるヒントとなるようなテーマが隠されている場合もあります。

（播磨　義幸）

60 子ども理解を深めるスキル

使用場面：通年　　　　　　　　　　　　　　基礎力

POINT
❶ 活動している子どもをじっくり観察する
❷ 何をしようとしているかじっくり考える
❸ 一緒にやってみる，自分でもやってみる

　教師の中にも，岩石の専門家，昆虫の専門家，化学の専門家，機械の専門家など様々な得意分野をもつ先生がいます。どんな質問でも一発で解答してくれる存在はとても頼りになります。そのような得意分野に「子どもの専門家」も加えたいものです。当然のことながら，教師は誰もみな免許を所有する子どもの専門家…ではあるのですが，中には話を聞くだけではっとさせられるような，深い洞察力をもって子どもの本質を捉えることのできる先生も存在します。そのような先生に共通しているのは，子どもの行動をよく観察し，子どもの話をよく聞く先生です。

① 活動している子どもをじっくり観察する

　砂場に出かけた子どもは，まず穴を掘って山をつくる。やがてトンネルを掘りだし，道や川を作ると水を流したくなる…。そのような子どもの行動をぴたりと捉えるベテラン教師に出会うことがあります。この実験ではきっと子どもはこんなことをしてしまうから気を付けておくようにといった予想もほぼ的中させます。そのような先生に共通しているのは「活動する子どもの様子をよく見ている」という習慣です。多くの子どもが動き回るような授業においても，実に様々な子どもの様子に目を向けています。まさに，「観察」

しているのです。

　子どもの行動をじっくり観察していると，無秩序のようで実は子どもならではの傾向性があります。子どもを観察していると，その傾向性が浮き彫りになるのです。特に遊んでいるときや観察・実験に取り組んでいるときなど，何か活動に夢中になっているときほど，この傾向は顕著に表れるようになるようです。

②何をしようとしているかじっくり考える

　子どもの理解を深めるには，行動の目的や意図を理解することが重要です。子どもの行動を観察する際，その子が「何をしようとしているのか」や「何を言おうとしているのか」を捉えようと関わるのです。

　光電池にモーターをつなげて遊ぶ子どもが，滑り台の上などに登って光電池を高く掲げる様子を目にしたことがあります。おそらく，光電池を太陽に近付け，モーターの回転速度を上げようと考えているのでしょう。

③一緒にやってみる，自分でもやってみる

　教師自身が子どもの気分になって子どもとまったく同じ観察・実験に取り組んでみましょう。予備実験とは違った発見が子どもの理解を深めます。

　ビーカーの中の食塩を溶かしきるために，いつまでもかき混ぜている子どもを見かけることがあります。もう十分かき混ぜたのだからこれ以上溶けないと結論付けてよいのではないか，と言い聞かせてもやめません。しかし，自分自身で実際に同じことをやってみると，かき混ぜるのをやめたくない子どもの心情がわかってきます。ビーカーの中にスプーン一杯ずつの食塩を加えて溶かしきる活動を繰り返していると，かき混ぜていれば何杯でも溶かせるように思えてくるのです。3杯目，4杯目…と粘り強くかき混ぜて食塩を溶かしてきた達成感もまた，かき混ぜ続ける原動力になっています。

（播磨　義幸）

【執筆者一覧】

鳴川　哲也	文部科学省初等中等教育局教育課程課
加藤　怜	福島大学附属小学校
境　孝	神奈川県横浜市立立野小学校
辻　健	筑波大学附属小学校
志田　正訓	筑波大学附属小学校
葛貫　裕介	東京学芸大学附属小金井小学校
新田　望	鳴門教育大学附属小学校
三井　寿哉	東京学芸大学附属小金井小学校
山本　浩貴	北海道旭川市立東五条小学校
蒲生　友作	東京都昭島市立拝島第一小学校
下吉　美香	兵庫県神戸市立妙法寺小学校
播磨　義幸	北海道札幌市立発寒西小学校

【編著者紹介】

鳴川　哲也（なるかわ　てつや）
文部科学省初等中等教育局教育課程課　教科調査官
国立教育政策研究所教育課程研究センター研究開発部
教育課程調査官・学力調査官

〔本文イラスト〕せのおまいこ

小学校理科　指導スキル大全

2019年4月初版第1刷刊	©編著者	鳴　川　哲　也
	発行者	藤　原　光　政
	発行所	明治図書出版株式会社

http://www.meijitosho.co.jp
（企画）赤木・茅野（校正）赤木
〒114-0023　東京都北区滝野川7-46-1
振替00160-5-151318　電話03(5907)6702
ご注文窓口　電話03(5907)6668

＊検印省略　　　組版所　株式会社木元省美堂

本書の無断コピーは，著作権・出版権にふれます。ご注意ください。

Printed in Japan　　　　ISBN978-4-18-392814-6

もれなくクーポンがもらえる！読者アンケートはこちらから

小学校 指導スキル大全 シリーズ

便利過ぎて手放せない！
小学校授業のすべてをカバー

全10巻

授業力アップのための必須スキルを多数収録。
指導に困ったときも、
ステップアップしたいときも、
今欲しい情報がすべて詰まった1冊です！

★ シリーズ同時刊行 ★

★ ラインナップ ★

- 国　　語（3926）中村和弘・清水　良 編著
- 社　　会（3929）澤井陽介・小倉勝登 編著
- 算　　数（3927）『授業力＆学級経営力』編集部 編
- 理　　科（3928）鳴川哲也 編著
- 音　　楽（3934）酒井美恵子・阪井　恵 編著
- 図　　工（3933）岡田京子 編著
- 体　　育（3932）木下光正 編著
- 道　　徳（3930）永田繁雄 編著
- 英　　語（3931）坂井邦晃 編著
- 特別支援教育（3936）中尾繁樹 編著

1つのスキルを見開きで
コンパクトに紹介！
知りたい情報を
サッとチェックできます！

※（　）内は図書番号
A5判　160〜176ページ
2,000〜2,200円（+税）

明治図書　携帯・スマートフォンからは **明治図書ONLINE へ**　書籍の検索、注文ができます。▶▶▶
http://www.meijitosho.co.jp　＊併記4桁の図書番号（英数字）でHP、携帯での検索・注文が簡単に行えます。
〒114-0023　東京都北区滝野川7-46-1　ご注文窓口　TEL 03-5907-6668　FAX 050-3156-2790

＊価格は全て本体価格表示です。